30

Traditional Chinese Learning | 国学茶座

图书在版编目（CIP）数据

国学茶座．总第30辑/杜泽逊主编．--济南：山东人民出版社，2021.6
ISBN 978-7-209-13359-3

Ⅰ.①国… Ⅱ.①杜… Ⅲ.①国学－丛刊 Ⅳ.①Z126-55

中国版本图书馆CIP数据核字(2021)第130902号

出 版 人　胡长青
项目统筹　王海涛
责任编辑　战海霞

山东出版传媒股份有限公司
山东人民出版社出版发行
网址：http://www.sd-book.com.cn
社址：济南市英雄山路 165 号　邮编：250002
编辑室电话：0531-82098902　总编室电话：0531-82098914

山东省东营市新华印刷厂印装
16 开本（169 毫米 × 232 毫米）　11 印张　160 千字
2021 年 8 月第 1 版　2021 年 8 月第 1 次印刷
定价：25.00 元
（如有印装质量问题，请与出版社总编室联系调换）

卷首语

“国学”的界定

虞万里

1983年，予董理马一浮先生遗著，读《泰和会语》中《楷定国学名义》文字，领略马先生思想，思绪并无起伏，盖以上距世纪初之“国学”热潮已远。不意十年后，社会上“国学”再成热词，大有蔓延席卷之势。而围绕“国学”定义，不仅言人人殊，且更大相径庭。《马一浮集》由于经费问题，迟至1996年方始出版，故“楷定”界说鲜为学界关注。与此同时，由刘梦溪先生主编之《中国现代学术经典·马一浮卷》也先后面世。嗣后梦溪先生深研马氏学说，于21世纪初接连刊文，申述其观点，界定“国学”含义。

马一浮先生谓“国学”一名是依他而起，严格说并不可用，只为随顺时俗，姑且用之。所以说“姑且”，是因1930年9月竺可桢欲请其来浙大（国立浙江大学）“指导学生，使略知国学门径”，故曾草拟“国学讲习会旨趣”。“旨趣”规定讲习会“暂分经术研究、义理研究二门”，若学生领解力增进，可增“学术流别”和“文章流别”，或其他门类。经术与义理，即经学与理学，固即六经之学。二类“流别”内涵，先生指为“哲学评判”和“文学评判”，疑亦为经学之“史”与“文”。八年后承此“国学讲习会”名义开讲，为使名实相符，故有“楷定国学名义”之说。

先生界定“国学者，六艺之学也”。而六艺统诸子，统四部，总摄一切学术。六艺即六经，即千年不变之经学，乃中国文化主干，而诸子、四部书及其他学术，皆六经之支流与裔脉。国学源头即经学，此直抉本原，为千古定论。诸子乃六经之流失，先生亦有剖判，其为国学亦无疑。四部书中子部已含释教，显非经学，是否也是国学，先生未尝言及，今观《会语》诸讲，仅引言和义理之学，亦无说明。

追溯“国学”一词所起，固知导源于1902年黄遵宪与梁启超书。时梁启超寓日，作《中国学术思想变迁之大势》一文，准备整理国故，乃有创办《国学报》之设想，终屈从黄见而止。1903年黄节所撰《游学生与国学》一文，更可侧面窥探此词之所起。清末学子为求世界知识，纷纷留学国外，然竞骛他国知识，反懵于本国学术。黄文系为在日本东京留学之学生建一储藏中国图籍之“国学图书馆”，俾留学生肄习而不忘本国之学。黄文开列储藏书目有十三经、宋明理学、正史别史、地方志、诗词文辞曲等。但他将佛典亦列入购置范围，云“以备东洋哲学之研究”。可见“国学”一词诞生，已有上述内涵。1910年，章太炎在东京创办《教育今语杂志》，以“保存国故，振兴学艺”为宗旨，同年又辑所作文题为《国故论衡》。嗣后胡适始有“国学”为“国故学”之解释。

马一浮先生于1903年赴美国圣路易斯，1904年5月转赴日本，深知依他国（日本）而起之“国学”一词来历，深觉其宽泛而不可用，但既已风行全国，乃不得不作一楷定，于是借浙大之演讲而表述之。

综观20世纪初“国学”一词起因，固皆在中国传统、固有之学术范围内，时科举未废，经学无疑是核心与主干，即欲兼综其他，亦皆在六艺支流、裔脉范围内。当时国人自恨科技不如西方，则古代科技自不在“国学”意识中。及至“国学”再度掀起，竟有欲挟此词而与时俱进以壮声势者，谓举凡我国所有之文化尽皆属之，是予惊愕之余，唯有望声势而兴叹矣。

2021年6月21日

（作者单位：浙江大学马一浮书院）

目录

国学茶座　总第三十辑

[子]

[集]

名家介绍

汉儒说《易》，大指可见者三家，郑氏、荀氏、虞氏。

易学浅说（三十）

王新春

二十九、郑玄易学爻辰义例的提出

郑玄（127—200），字康成，北海高密人，汉末著名经学家。他以“但念述先圣之元意，思整百家之不齐，亦庶几以竭吾才”（《后汉书》本传）的卓荦学术胸襟、文化自觉、思想期许与使命担当，摈弃狭隘门户之见，以古文经学为主，兼通今文经学，最终凭借深厚的经学素养与超逸的学术器识，立足博通今古文所成的宏大经学视域，遍注群经乃至诸纬，实现了诸经彼此之间、诸纬相互之间乃至诸经与诸纬之间的广泛而深入的融摄会通，一新经学之面目，从而越出群伦，成为两汉经学的总结、终结者，集大成者。他虽不专以《易》名家，却在一生遍习各经与诸纬，进而会通之并遍予注释的基础上，于生命最后时光匆匆诠释了《易》，推出了纬萃于经、经凝于《易》的最后一部经学力作《周易注》，与荀爽、虞翻分别建构起了特色鲜明且意蕴丰赡的《周易》郑氏学、《周易》荀氏学和《周易》虞氏学，以此无愧于易学衍展之长河，被并称为汉末易学三大家。清代杰出汉易研究专家张惠言所谓：“汉儒说《易》，大指可见者三家，郑氏、荀氏、虞氏。”（《周易郑氏义》）

郑玄会通《周礼》《仪礼》《礼记》所作的《三礼注》，构建起《三礼》郑氏学，成就了“礼是郑学”的经学丰碑，集中体现了郑玄对经学礼乐文化精神的理解与对汉代经学的集大成。这一礼学成就经过一番凝练，成为他撰写最后一部经学著作《周易注》的基本前见与视域，经过与由卦爻符号—卦爻辞及传文构成的《易》文本视域的双向融合，该礼学实现了与易学的深层会通。就《周易》郑氏学而言，爻辰说无论是对于它的学术特色还是思想意涵，皆占有十分突出之位置，可以说爻辰说是《周易》郑氏学的标志学说。郑玄爻辰义例的提出，与日月运转、阴阳消息、律吕音声关系密切。

郑氏爻辰之辰，谓六十四卦阴阳爻依据爻位的不同所纳的子、丑、寅、卯、辰、巳、午、未、申、酉、戌、亥十二辰。

乾卦六爻初子、二寅、三辰、四午、五申、上戌纳六阳辰；坤卦六爻初未、二酉、三亥、四丑、五卯、上巳纳六阴辰。乾坤两卦之外的另六十二卦的各爻，则依照乾坤各爻而纳。张惠言《周易郑氏义》所谓：“三百八十四爻皆本于乾坤，故阳爻就乾位，阴爻就坤位。”

郑玄像

郑玄爻辰图式

六十二卦之诸爻，阳爻本于同位的乾爻，而纳该位乾爻所纳之辰；阴爻本于同位的坤爻，而纳该位坤爻所纳之辰。例如，屯（䷂）与鼎（䷱）两卦，屯初九本于乾初九而纳子，鼎初六本于坤初六而纳未；屯六二本于坤六二而纳酉，鼎九二本于乾九二而纳寅；屯六三本于坤六三而纳亥，鼎九三本于乾九三而纳辰；屯六四本于坤六四而纳丑，鼎九四本于乾九四而纳午；屯九五本于乾九五而纳申，鼎六五本于坤六五而纳卯；屯上六本于坤上六而纳巳，鼎上九本于乾上九而纳戌。再如，既济（䷾）与未济（䷿）两卦，既济初九本于乾初九而纳子，未济初六本于坤初六而纳未；既济六二本于坤六二而纳酉，未济九二本于乾九二而纳寅；既济九三本于乾九三而纳辰，未济六三本于坤六三而纳亥；既济六四本于坤六四而纳丑，未济九四本于乾九四而纳午；既济九五本于乾九五而纳申，未济六五本于坤六五而纳卯；既济上六本于坤上六而纳巳，未济上九本于乾上九而纳戌。于是六十四卦一百九二十阳爻、一百九十二阴爻归为乾六阳、坤六阴而分纳六阳辰与六阴辰以呈其象。郑玄所示的爻辰，显然不同于京房所示八宫六十四卦爻辰，也有别于《易纬乾凿度》以通行本六十四卦两卦十二爻配十二辰应一岁、三十二对卦应三十二岁而一周的爻辰。

辰，本始意义谓日月之会，因而与日月运转关系密切。《汉书·律历志》："辰者，日月之会而建所指也。"《礼记·月令》"孟春之月"郑注说："日月之行，一岁十二会，圣王因其会而分之，以为大数焉。观斗所建，命其四时。"唐孔颖达疏则进一步解释说："日行迟，一月行二十九度半余；月行疾，一月行天一匝三百六十五度四分度之一，过匝更行二十九度半余，逐及于日，而与日会，所会之处谓之为辰。""一匝"即一周。周天三百六十五又四分之一度。

对于日月所会的星次，在诠释《礼记·月令》时，郑玄说："孟春者，日月会于娵訾，而斗建寅之辰也……仲春者，日月会于降娄，而斗建卯之辰也……季春者，日月会于大梁，而斗建辰之辰……孟夏者，日月会于实沈，而斗建巳之辰……仲夏者，日月会于鹑首，而斗建午之辰也……季夏者，日月会于鹑火，而斗建未之辰也……孟秋者，日月会于鹑尾，而斗建申之辰也……仲秋者，日月会于寿星，而斗建酉之辰也……季秋者，日月会于大火，而斗建戌之辰也……孟冬者，日月会于析木之津，而斗建亥之辰也……仲冬者，日月会于星纪，而斗建子之辰也……季冬者，日月会于玄枵，而斗建丑之辰也。"

三代的历法不同，夏建寅，商建丑，周建子，郑注所言月指的是夏历的月份。日月运行，自右而左，即今日所言在黄道上自西而东的视运动，依次相会于天上的星纪、玄枵、娵訾、降娄、大梁、实沈、鹑首、鹑火、鹑尾、寿星、大火、析木十二次舍，又称十二星次。十二次舍对应斗建十二辰之名分别是：星纪子、玄枵丑、娵訾寅、降娄卯、大梁辰、实沈巳、鹑首午、鹑火未、鹑尾申、寿星酉、大火戌、析木亥。

爻如此纳辰，有着日月运转基础上阴阳消息律动的直接原因。

郑氏诠释《周礼·春官·大师》“以合阴阳之声”一段时所谓：“‘以合阴阳之声’者，声之阴阳各有合。黄钟，子之气也，十一月建焉，而辰在星纪。大吕，丑之气也，十二月建焉，而辰在玄枵。大蔟，寅之气也，正月建焉，而辰在娵訾。应钟，亥之气也，十月建焉，而辰在析木。姑洗，辰之气也，三月建焉，而辰在大梁。南吕，酉之气也，八月建焉，而辰在寿星。蕤宾，午之气也，五月建焉，而辰在鹑首。林钟，未之气也，六月建焉，而辰在鹑火。夷则，申之气也，七月建焉，而辰在鹑尾。中吕，巳之气也，四月建焉，而辰在实沈。无射，戌之气也，九月建焉，而辰在大火。夹钟，卯之气也，二月建焉，而辰在降娄。”

郑玄关于《周礼·春官·大师》“大师掌六律、六同，以合阴阳之声”一段文字所作诠释以及三国时期吴国韦昭关于《国语·周语下》“王将铸无射，问律于伶州鸠”一段文字所作诠释，对于揭开纳辰与阴阳消息律动间的关系颇为重要。郑氏说：

> 其相生，则以阴阳六体为之。黄钟，初九也，下生林钟之初六。林钟又上生大蔟之九二，大蔟又下生南吕之六二，南吕又上生姑洗之九三，姑洗又下生应钟之六三，应钟又上生蕤宾之九四，蕤宾又下（上）生大吕之六四，大吕又上（下）生夷则之九五，夷则又下（上）生夹钟之六五，夹钟又上（下）生无射之上九，无射又上生中吕之上六。同位者象夫妻，异位者象子母，所谓律取妻而吕生子也。黄钟长九寸，其实一籥。下生者，三分去一。上生者，三分益一。五下六上，乃一终矣。大吕长八寸二百四十三分寸之一百四，大蔟长八寸，夹钟长七寸二千一百八十七分寸之千七十五，姑洗长七寸九分寸之一，中吕长六寸万九千六百八十三分寸之万二千九百七十四，蕤宾长六寸八十一分寸之二十六，林钟长六寸，夷则长五寸七百二十九分寸之四百五十一，南吕长五寸三分寸之一，无射长四寸六千五百六十一分寸之六千五百二十四，应钟长四寸二十七分寸之二十。

[经]

韦昭言：

> 十一月，黄钟，乾初九也……正月，太蔟，乾九二也……三月，姑洗，乾九三也……五月，蕤宾，乾九四也……七月，夷则，乾九五也……九月，无射，乾上九也……十二月，大吕，坤六四也……二月，夹钟，坤六五也……四月，仲吕，坤上六也……六月，林钟，坤初六也……八月，南吕，坤六二也……十月，应钟，坤六三也。

根据以上郑玄与韦昭之注文，不难解读出郑氏爻辰说与十二律吕音声说之间非同寻常的密切关联。或许当如张惠言《周易郑氏义》所言："爻辰者，乾坤六爻生十二律之位也。"今人高怀民教授《两汉易学史·郑玄易》也断言："郑氏爻辰乃本于月律，即月令十二月所中之律，隔八相生。"

律属阳，吕属阴。十二律吕音声与十二月相配，肇乎各月阴阳二气的消息流变，因乎气的消息流变而所促成的天人整体大宇宙的律动，加乎人契接此一律动之应然作为，是宇宙天地的律动与人的应然作为契接为一后所成的音声。

十二律吕之说，早已形成。就传世文献言之，至迟在东周景王（前544—前520在位）时已相当完备。韦昭所注《国语·周语下》那段文字即是明证。该文称："王将铸无射，问律于伶州鸠。对曰：'律所以立均出度也。古之神瞽考中声而量之以制，度律均钟，百官轨仪，纪之以三，平之以六，成于十二，天之道也。夫六，中之色也，故名之曰黄钟，所以宣养六气、九德也。由是第之：二曰太蔟，所以金奏赞阳出滞也。三曰姑洗，所以修洁百物，考神纳宾也。四曰蕤宾，所以安靖神人，献酬交酢也。五曰夷则，所以咏歌九则，平民无贰也。六曰无射，所以宣布哲人之令德，示民轨仪也。为之六间，以扬沉伏，而黜散越也。元间大吕，助宣物也。二间夹钟，出四隙之细也。三间仲吕，宣中气也。四间林钟，和展百事，俾莫不任肃纯恪也。五间南吕，赞阳秀也。六间应钟，均利器用，俾应复也。'"

十二律吕之间，又有相生关系。就此关系，乃有众所周知的"三分损益法"。此法，即今所见，《管子·地员》略有所及，《吕氏春秋·音律》则开始详有所言："黄钟生林钟，林钟生太蔟，太蔟生南吕，南吕生姑洗，姑洗生应钟，应钟生蕤宾，蕤宾生大吕，大吕生夷则，夷则生夹钟，夹钟生无射，无射生仲吕。三分所生，益之一分，以上生；三分所生，去其一分，以下生。"三分，即将律吕之管长平分为三等份；益一，即在律吕之管本长的基础上增益三等份之一份，即管之本长×（1＋1/3）；去一，即在律吕之管本长的基础上减损三等份之一份，即管之本长×（1−1/3）。上生即三分益一，下生即三分去一。当然，律吕之管长，各说不尽一致，郑玄之说，仅为其中之一说。依郑说，黄钟之管长九寸，下生林钟，则以九寸之本长，减损平分九寸为三等份后之一份的三寸，遂得林钟之管长六寸。林钟上生太蔟，则以六寸之本长，增益平分六寸为三等份后之一份的二寸，遂得太蔟之管长八寸。其他类而推之可矣。由此正定起上所引自黄钟之九寸至应钟之四寸二十七分寸之二十的律吕之管长。在郑氏的视域下，黄钟之生林钟，太蔟之生南吕，姑洗之生应钟，大吕之生夷则，夹钟之生无射，皆属三分去一之下生，生有五；林钟之生太蔟，南吕之生姑洗，应钟之生蕤宾，蕤宾之生大吕，夷则之生夹钟，无射之生中吕，皆属三分益一之上生，生有六。所谓"五下六上，乃一终矣"。

上生与下生，皆是从律吕所在之位起，含该位顺旋隔八位而生另一律吕。例如，黄钟在子位，从子开始，历丑、寅、卯、辰、巳、午顺旋至未位而隔八位，恰是林钟之所在，黄钟三分去一而生之；林钟在未位，从未开始，历申、酉、戌、亥、子、丑，顺旋至寅位而隔八位，恰是太簇之所在，林钟三分益一而生之。此即所谓"隔八相生"。乾阳坤阴间，也有了隔八相生之内涵。当然，这里应当指出，十二律吕中阳律黄钟所值十一月子位，恰是阳气开始息长之位，乾卦初爻正值此；五月午之位，阴气开始息长，但位属阳，阴退一位而值六月未，坤卦初爻值此，此又恰系阴吕林钟所值之位。十二律吕以黄钟始，以中吕终，还复黄钟。实则正如孔颖达《礼记·月令》孟春之月"律中大蔟"疏所言："其实十二律终于仲吕，还反归黄钟，生于仲吕，三分益一，大略得应黄钟九寸之数也。"黄钟亦可视为由中吕所生。如此，子位初九，复子气黄钟，隔八下生未位初六之遁未气林钟；林钟，隔八上生寅位九二之泰寅气太簇；太簇，隔八下生酉位六二之观酉气南吕；南吕，隔八上生辰位九三之夬辰气姑洗；姑洗，隔八下生亥位六三之坤亥气应钟；应钟，隔八上生午位九四之姤午气蕤宾；蕤宾，隔八上生丑位六四之临丑气大吕；大吕，隔八下生申位九五之否申气夷则；夷则，隔八上生卯位六五之大壮卯气夹钟；夹钟，隔八下生戌位上九之剥戌气无射；无射，隔八上生巳位上六乾巳气中吕。而中吕，又可隔八上生子位初九之复子气黄钟，如此周而复始，往复循环，无有终穷。

律吕之如此而相生，彰显出“以阴阳六体为之”的基本律则。

所谓“阴阳六体”，即六律与六吕各六种分别值六个不同阴阳之位的阳性存在与阴性存在。阴阳之位各有六。律为阳性存在，吕为阴性存在，各值特定阴阳之位而相生：阳律黄钟，值阳之初位，下生值阴之初位的阴吕林钟；林钟，上生值阳之二位的阳律太蔟；太蔟，下生值阴之二位的阴吕南吕；南吕，上生值阳之三位的阳律姑洗；姑洗，下生值阴之三位的阴吕应钟；应钟，上生值阳之四位的阳律蕤宾；蕤宾，上生值阴之四位的阴吕大吕；大吕，下生值阳之五位的阳律夷则；夷则，上生值阴之五位的阴吕夹钟；夹钟，下生值阳之上位的阳律无射；无射，上生值阴之上位的阴吕中吕。“阳声属天，阴声属地。天地之声，布于四方。”(《周礼·春官·典同》郑注)究极而言，阳律属天，阴吕属地。六律六吕所值的阴阳之位，实系天阳地阴之位。在易学的话语系统内，天地由乾坤两卦所符示，天阳地阴分别由乾阳坤阴所表征。因此，以上所言分值特定阴阳之位而相生的六律六吕，其所值的阴阳之位，纳入易学的话语系统，就是乾坤两卦六阳六阴所值的初爻之位、二爻之位、三爻之位、四爻之位、五爻之位、上爻之位。乾阳称九，坤阴称六，故有“黄钟，初九也，下生林钟之初六。林钟又上生大蔟之九二”云云。而韦昭所言“十一月，黄钟，乾初九也……正月，太蔟，乾九二也”云云，显然是与郑氏之见完全相契的，前者当本于后者。在郑氏看来，黄钟对于林钟、太蔟对于南吕、姑洗对于应钟、蕤宾对于大吕、夷则对于夹钟、无射对于中吕，阳以生阴，其生皆属于阴阳的同位之生，位同而有夫妻之象；林钟对于太蔟、南吕对于姑洗、应钟对于蕤宾、大吕对于夷则、夹钟对于无射，阴以生阳，其生皆属于阴阳的异位之生，位异而有母子之象。所谓“同位者象夫妻，异位者象子母，所谓律取妻而吕生子也”。此即贾公彦疏所云：“同位谓若黄钟之初九下生林钟之初六，俱是初之第一，夫妇一体，是象夫妇也。异位象子母，谓若林钟上生大蔟之九二,二于第一为异位，象母子。但律所生者为夫妇，吕所生者为母子。十二律吕，律所生者常同位，吕所生者常异位。故云‘律取妻而吕生子也’。”

这里应当特别强调指出的是，不难看出，在郑氏的理路下，作为阳律的黄钟，为十二律吕之首，不仅它的律之管长的正定是其他律吕之管长得以正定之本，而且它所值的阴阳之位的正定，也是其他律吕所值阴阳之位得以正定之本。依据律所生之吕与其同位、吕所生之律与其异位之常则，在黄钟所值之位正定为阳之初位的基础上，则由其所生之林钟值阴之初位；林钟值阴之初位，则由其所生之太蔟值阳之二位；太蔟值阳之二位，则由其所生之南吕值阴之二位……

于是，相对于月建而言，天上的十二星次与地上的十二方位相应对显，二而会一，共同摄纳对方的意涵于自身之中，并皆由表征地上十二方位的十二地支所符示。这样，十二律吕相应地也正定了其所值的十二辰之位：黄钟值子，大吕值丑，太蔟值寅，夹钟值卯，姑洗值辰，中吕值巳，蕤宾值午，林钟值未，夷则值申，南吕值酉，无射值戌，应钟值亥。于是，将十二律吕所值十二辰之位与前述它们彼此之间以三分损益下的相生所正定的乾阳坤阴之位相对接，乾阳坤阴所值的十二辰即豁显出来：黄钟值子，乾初爻之阳即值子；林钟值未，坤初爻之阴即值未。太蔟值寅，乾二爻之阳即值寅；南吕值酉，坤二爻之阴即值酉。姑洗值辰，乾三爻之阳即值辰；应钟值亥，坤三爻之阴即值亥。蕤宾值午，乾四爻之阳即值午；大吕值丑，坤四爻之阴即值丑。夷则值申，乾五爻之阳即值申；夹钟值卯，坤五爻之阴即值卯。无射值戌，乾上爻之阳即值戌；中吕值巳，坤上爻之阴即值巳。

（作者单位：山东大学哲学与社会发展学院）

把虎读为菟，是荆楚地区的方言发音，《二南》恰恰可以说是在楚境，《兔罝》篇原本是《菟罝》篇，是打虎英雄之歌也就非常可信了。

恒之读诗记（十二）

向 辉

兔 罝

肃肃兔罝，椓之丁丁。赳赳武夫，公侯干城。
肃肃兔罝，施于中逵。赳赳武夫，公侯好仇。
肃肃兔罝，施于中林。赳赳武夫，公侯腹心。

【毛诗序】《兔罝》，后妃之化也。《关雎》之化行，则莫不好德，贤人众多也。（《毛诗正义》卷一）

【朱子集传】化行俗美，贤才众多。虽罝兔之野人，而其才之可用犹如此，故诗人因其所事以起兴而美之。而文王德化之盛，因可见矣。（《诗集传》卷一）

《兔罝》是《诗经·周南》的第七篇。

如何理解这首诗呢？在阐释《诗经》的经典中，毛公用一个“化”字来解释它的主旨，朱子则补充说是“德化”。朱子回答了“如何化”的问题，毛公则是首先提出了诗篇主旨并非如我们所见那般。这当然是“如是我闻”。因为我们都知道，汉代的毛公解释诗篇是有所授受的。如今，现代化的追求化于天下，我们也越来越相信“如是我见”，而对于“如是我闻”则抱有天然的质疑精神。如此一来，毛公和朱子的这种化法显然是不合时宜的，他们的这两种解说也就同归于“传统”，与我们的现实和文本的想象都有一定的距离，理解起来存在隔膜。

一

经典的阐释，既有传承的延续，也有创造的发挥。我们看到，朱子的想法比起毛公有了不小的变化，当年毛公觉得讴歌女一号是理所当然、理直气壮的事情，到了朱子那个时代再这样说似乎就有点麻烦了，在朱子那个时代“女士第一”的观念受到了严重的质疑，似乎再也没有人敢像毛公、孔颖达这样公开地支持女一号了。

我们能够理解朱子的看法，因为我们就生活在朱子之后的世界（所谓的后朱子时代）。朱子的观点不仅深刻地影响了我们的思想，甚至改变了我们的世界。这就是思想的力量——不仅可以改变思维方式，更能改造世界。后来，许许多多的思想家、政治家，当然也有文学家，之所以要反对或者驳斥朱子，就是因为感觉自己的思想和现实受到了这样早已经融入了血液之中的观念或者说精神的束缚或影响。所以，我们其实应该感谢那些文学家们，正是他们好几代人的努力让《诗经》的形象愈加多姿多彩，愈加让人找不到自认为是理所当然的真理。

经典需要不断被解释，才能成为真正意义上的经典。唐代的《诗经》学家孔颖达预料到很多人会对毛公的解说表示质疑，所以他用很长一段文字疏通，大意：化，可以从正义化身开始谈。姬周的女一号从《关雎》篇开始就显示了无比强大的正能量，让天下人无不深受其影响，所以说周文王的这位女一号成了拥有粉丝最多的女性。关键是，这位女一号是母性的象征，是神性的代表，是正义的化身，也是所有贤能之人最敬仰的对象。于是乎，他们纷纷离开了原来的老板、原来的工作，甚至是远走他乡，奔向这个有希望和梦想的国土。就连撒鹰打兔的人都对女一号恭敬、仰慕，从八岁到八十岁的人都知道女一号，都在传唱她的美德，可见贤能的人也少不了。所以，这首诗是用小兵，也就是勇武的猎人来见微知著。

孔颖达说，《周南》众多诗篇分别从不同的侧面给我们展示了女一号的能量：美在家庭，美在外貌，美在德行（不嫉妒、不傲娇等），上得了厅堂下得了厨房。总之，后妃之美，无以复加；后妃之德，无以言表。文王得妻如此，夫复何求？这一当时的中国梦，也是永远的中国梦吧？对于这样的解说，朱子也是同意的。文王之所以有这样的好夫人，是因为他自己就很强大，很有德行，否则怎么能够配得上这样的好女人？

"百闻不如一见。"当代人把这一真理发挥到了极致，对于诗篇的理解更是如此，见到什么，说什么。我们更相信话语，而非德化。所以现代的《诗经》学家一般不会，也不能学毛公、朱子那般去说事论诗了。至于毛公所谓的"化"，什么都化不出来，基本上就是文义不通的说法嘛。何焯（1661—1722）《义门读书记》就明确指出："《序》以《兔罝》为后妃之化，成何文义。"既然清代的读书人何焯在他看的书上就有这样的札记批注了，而且何焯本人又被今人视为"有清一代考据学开风气的学者"，他"校勘古籍极为矜慎，从不轻易下笔。苟有所得，必详订再三，而后约言之"。我们更是要破旧立新，不断前行，似乎唯有科学化这一条道可以走下去。

这就是当代科学的《诗经》学解释。问题是，如果我们承认孔子删《诗》修《春秋》的话，《兔罝》篇怎么会被孔夫子列入诗篇的前十名呢？

当代的文学常识告诉我们，《兔罝》是一首关于勇士的赞歌，但唱的什么调，就需要进一步解释了。比如，高亨《诗经今注》说，《兔罝》篇是歌咏武士打猎。打什么呢？兔罝兔罝，一清二楚，就是打兔子。打兔子的人唱歌，自然也就是民谣，这就是所谓猎人自己唱的"打兔子歌"（猎兔者之歌），最不济也是民间歌手讽刺时代的，因为打兔子的猎人已经成了爪牙了。又如，王静芝《诗经通释》、雒三桂《诗经新注》、程俊英《诗经译注》《诗经注析》等都持类似的看法。王静芝还表示，毛公的说法根本就不可理喻。诗篇中明明白白地歌咏了武士，绝对看不到什么贤人，所谓的众多更是无从谈起，真不知道当年这些《诗经》学家是怎么读书的。他们还引申到后妃、文王之类的历史人物，"诚不知何所指"。问题是，逮兔子的武士，就他一人？打来兔子，似乎也不能解决口粮问题呢。这就是关于《兔罝》篇的当代常识。

常识就是写进了教科书和辞书的知识。《辞海》（第六版）中有"兔罝"条，它的解释相对完整一些，这是当代学人对于诗篇的基本理解。按照辞书编纂者的理解,《兔罝》是《诗经·周南》中一首诗的篇名。这首诗有个古代的解说，也就是所谓的《诗序》的说法，即“《兔罝》，后妃之化也”。不过，部分现代人却不相信它了，认为诗篇有诗意，但绝不可能是《诗序》的那种解说。新的现代说法有两种。第一种说法，认为诗人赞美猎人。他是能得到上级信任的武士。古代武士的上级领导自然是公侯，公侯任用武士既可以对外作战，也可以用来收拾内部的不服，这叫捍卫内外。第二种说法，认为诗人赞美公侯。他是出行游猎都前呼后拥、兵强马壮的诸侯。既然他有这么多杰出人才跟着，这就让诗人看到了国家昌盛的希望。

从这样的解说中，我们可以知道理解《兔罝》篇有着古今之间的巨大差异。而且，这一篇的故事似乎也没有那么有趣，和当代的生活关系无甚紧要处，所以其他一些辞书，即便是专门的古代汉语辞书，也是不怎么关注它的。比如《古代汉语词典》(第二版)虽然有“兔罝”词条，意思是捉兔子的网。兔子是一种小动物，罝是绳子编织成的网，两个字连起来的意思比较简单，没有什么难解的地方。令人困惑的是，辞书编纂者认为“罝”字的意思本身就是抓兔子的网，泛指则是捕鸟兽的网。也就是说，兔罝还是一个重复的词儿。当然，这样的解释并非孤例,《辞源》(第三版)也是如此处理的。

若以科学的怀疑精神来看常识，我们肯定会提出质疑。关于《兔罝》的常识，至少有这样一些问题，它包括但不限于:

1.逮兔子还要精心地弄个网，难道他们不会自己养吗？既安全又环保。而且，如果打兔子的人算勇士的话，不知道算什么等级，打老虎的又算什么呢?

2.守株待兔都能行，抓个兔子似乎也算不上什么勇猛的事迹吧。《诗经》在后面的《小雅·巧言》篇就有“跃跃毚兔，遇犬获之”，放条狗去追就行了，设网抓兔子算什么典故呢？如果猎人连条猎狗都养不起的话，他穷困潦倒也说不准。

3.如果罝的意思是捕捉兔子的网子，兔罝就成了同义反复，反复念叨的意思是什么呢？当然，也有辞书将“罝”的意思说成是“捕兽的网”(《古汉语常用字字典》第五版)，这样“兔罝”就不是同义反复了。

4.即便承认打兔子的人是猎人和武士，据我们的历史记载，周朝已经不是游牧社会了，撒鹰打兔子的战士是否能在这个时代具有典型的意义呢?

5. 如果说诗篇是西周时代的话，这一时代还处于王朝的开拓时期，那些公侯们是否有那个闲工夫去打猎玩儿呢？

最后，更成问题的是，我们很难去进一步解释为什么一篇题为《逮兔子的网》的文字能被人们反复研读，并且还是一篇经典的文献。由此可见，科学化或许能“制造”出更多的问题，并且由此“化”出难以化解的麻烦。

二

诗篇的解读从不怕麻烦。如果我们认为《兔罝》篇就是逮兔子之歌的话，这个故事该怎么讲？如果不是打兔子的话，又是个什么故事？故事得分开说。

先从兔子说起。解释诗篇，在某种程度上来说就是一个不断重复打兔子的游戏。逮着了兔子，写了成书，然后又变成后来人的兔子，供人去打。我们知道，《诗经》学是在前代研究的基础上不断前行的，即便是现代的解说也不例外，如此才是一个科学的学术发展模式。高亨先生引述的是清代读书家何焯的读书笔记，程俊英先生当然也不例外。她的《诗经注析》中引用了比何焯晚一点的清代人崔述《读风偶识》一书中的一段话。我们就从崔述（1740—1816）及其《诗经》学谈起。

崔述在现代学术史上的地位相当高。胡适主张：“中国新史学应该从崔述做起。”崔述是典型的生前没啥影响、死后百余年却成名的学者。“他的著作，因为站在时代的前面，所以在这一百多年中，只受了极少数人的欣赏，而不曾得着多数学人的承认。”（《胡适文集》7）他生前没见过什么大学者，也没有在什么好的学术机构待过，更没有当过什么大官，最后的职务就是一个处级干部。崔述去世很久以后，他的书被学者们从故纸堆中翻出来，开始研读，并且赋予它崇高的地位，他本人也被视为一种新的史学研究的先导人物。胡适专门写文章，给他作传记；胡适的好学生、“古史辨”的旗手顾颉刚（1893—1980）给他编遗书，并由胡适作序。胡适的传记题目是《科学的古史家崔述》，因此崔述对于《诗经》的解读，当然可以作为我们论证的重要依据。

据史料记载，崔述祖上是明代的卫所军官，标准的军籍。清代以后，他们这一支人也还保留了一些军人的素养，比如他的祖父就是武举出身。当然，除了军人遗传之外，他们崔氏一家也试图在科举路上走得远一点。崔述的父亲崔元森参加过当地的乡试，连续五次没有过关，只好把所有的希望寄托在崔述和崔迈这两个儿子身上。崔述回忆，他父亲曾严肃地告诉他，老爷子本人“五试于乡而不中，吾已知已矣。故命尔名为述，欲尔之成我志。尔独不见夫崇圣祠诸先儒从祀者耶，是皆以其子故尔。若能然，则吾子也”。望子成龙，望女成凤，其来有自，只是崔爸爸的这个希望值非常高。为了父亲的荣耀，十五岁的崔述拿下应天府童子试的第一名，但接下来的情况就跟他父亲差不多了。二十岁的崔述第一参加乡试，没成；第二年再来，中举了。接下来，他的考试之旅只有血泪，一连至少考了三次（1763、1766、1769），进士梦终究没能达成。到了五十七岁的时候，以举人的身份得到了福建罗源县知县的委任状。干了一届之后，升职到上杭县，干了一年又回任罗源县知县，一年之后辞职，退休回老家继续写书。他终于能把名字写进当地的县志中了，在某种程度上算是圆了老父亲的梦。不过，入庙从祀就没那么简单了，必须成为一代儒者才有一点点希望。为此，在任县令之前的二十多年间，崔述以教书、看书和写书为主业，耗费心力要写出伟大的作品。只不过，他并没有得到什么人的认同，更别说成为一代学者了。书是写了，却根本没钱出版。但是，只要怀揣梦想，并且去做了，或许就真的有希望呢。崔氏得到消息可以去北京找吏部寻候补任命，赶紧跑一趟北京。就在这次进京的旅途中，他遇到了一个可以托付的年轻人。他叫陈履和，比崔述小二十多岁。可以说，崔述的书后来之所以能被胡适、顾颉刚等人发掘出来，之所以成为后世学者所熟知的人物，皆属陈履和之功。

崔述当了近二十年的老师，教了不少学生，没有找到一个可以托付的人。因为绝大部分人的学习只是为了考试，考试之后，书和老师便都不见了。崔述和陈履和的故事不同。他们谈的不是考试的问题，而是学术。一谈之下，陈履和就找到了人生的方向。他们俩在北京谈了一两个月的学问，然后陈履和拜崔氏为师，一生只以传播崔述的学问为其梦想。崔述去世前留下遗嘱：“吾生平著书三十四种八十八卷，俟滇南陈履和来亲授之。”他把一生的著述，全部交给他这个忠实的学生就行了，虽然他们也就仅仅在北京的某个旅馆谈了短短的个把月。这在如今看来都有点难以想象。并不富裕的陈履和先后多次筹资刊印崔述著作，一共出版了十九种五十四卷。崔述的传记作者说：陈履和以刻印他老师的著作为己任，到处筹划款项，殚精竭虑，尽心尽责，在他生前完成了刊印崔氏遗著的重任，为后世保留下了崔述的绝大部分主要著作，后人能看到崔述的作品，基本上就是他一个人的功劳。“作为弟子来说，其情之深，其谊之笃，其事之诚，非常感人。”（《崔述评传》）抛开崔氏的学术不谈，仅就他和陈履和师弟子的故事而言，本身就是一个“肃肃兔罝，椓之丁丁”的传奇，古代这类的师生传承的故事不少，中国文化的传承也正是得益于有这样的人和事。

崔述到底对经典解释做了什么贡献，即他说了什么？他又是如何以重新解读诗篇的方法赢得了现代学人的推重呢？崔氏的主张，对我们来说也不必尽数知晓，我们大概知道他的用意就够了。他自己说，对于经典的阐释，他是不太相信的，特别是古代人的那些说法，往往是不着调的，因为在他看来：“窃谓经传既远，时事难考，宁可缺所不知，无害于义。故余于论《诗》，但主于体会经文，不敢以前人附会之说为必然。虽不尽合朱子之言，然实本于朱子之意。朱子复起，未必遂以余言为妄也。”（《崔东壁遗书》）这一条的意思是，既然时间久远，不可考证，那就宁缺毋滥，宁可空着，也不让其他人的注解占满纸张，留下《诗经》的原文即可。其实，原文都不用留，因为原文同样时间久远。在传统的所传闻、所闻和所见闻方面，他只相信所见。眼见为实，这是他的第一原则。这当然是科学准则，就是朱子活过来他也得信服科学。

《读风偶识》开篇说：“余于《国风》，惟知体会经文，即词以求其意，如读唐、宋人诗然者，了然绝无新旧汉宋之念存于胸中，惟合于诗意者则从之，不合者则违之。”这一条就更有意思了，我自己读，读多少算多少，和我想法一样的，引之以为朋友、待之如上宾，否则一边儿待着去。管你是毛公还是朱子，看顺眼的才算，否则就是不合诗意。《诗经》学源远流长，门派众多，如何抉择？很简单，以我所理解的诗意为主，诗意一定是客观的，判断也一定要客观，绝对不让任何一家一派的解说成为前提，相反，它们只可能成为研究的资料。

崔述就是这样一位旗帜鲜明、具有科学精神的古史学家。对当代学者来说，这位比较有性格的学者的论说，也值得引用。所以，程俊英《诗经注析》就抄录了他的解释《兔罝》篇的几句话，我们也可从中体会当代《诗经》学家是如何利用前代学术研究成果的。

三

崔述并没有把《诗经》全部解读一遍，只是完成了其中的《国风》部分，题为《读风偶识》。每一篇都写了四五百字，对诗篇的问题进行了深思。比如对《兔罝》篇，崔氏首先说：

> 此篇据《春秋传》郤至之言，以“公侯干城”为盛世事，“公侯腹心”为衰世事。《序》及《朱传》则皆以为化行俗美，贤才众多，故诗人美之。

虽然《春秋左传》并不是为了解释《诗经》而作的，但是书中引用《诗经》之处不少，而且往往是和《毛诗》的说法不一样。如此一来，就给了后人一些启发，即我们思考《诗经》问题，不见得一定要按照《诗经》学家的说法来理解。最好是依照经典本身来说，如此才是传统的经学路数。当代《诗经》学家大多不相信这一点。按照顾颉刚的意思，崔述一上来就认为前面的说法全部错了，这只能算是顾氏的理解。我们看到，崔氏先在这一段中，提出《春秋左传》中引用过《兔罝》篇，但是其中的说法和《诗经》学家的说法不同。比如毛公和朱子的观点是一致的，都是说赞美的故事。《春秋左传》鲁成公十二年所讲的故事就大不一样。这一年，晋国大夫郤至到楚国搞外交，达成了盟约。郤至跟楚国人讲了一通礼，引用《兔罝》篇说事儿，没把人家说服，到人家地盘上得按人家的要求来办。郤至灰头土脸地回国，把他的见闻跟范文子说了一遍。范文子说，楚国人不得了，我们有麻烦了。后来，果然有了“晋楚更霸，赵魏困横”的典故。这一桥段，是作者为了增进文字的感染力，也显示他对经典的熟习，可以说是炫技的文字，不见得就是当年传授诗篇的人所讲述的故事，更不必与诗篇的意思相关，它是典型的随文生义和善用经典。当然，这并不重要。

崔氏的书影响了很多人，程俊英《诗经注析》是其中之一。在这部书中，她括出（下文中括号内的文字）崔氏的一部分内容，并认为这是能体会“诗意”的典型：

（余玩其词，似有惋惜之意，殊不类盛世之音。）何者？世之盛也，公侯皆汲汲以求贤，卿大夫咸搜剔岩穴以充百职事，朝既不闻倖位，野安得有遗才！（太平日久，上下恬熙，始不复以进贤为事，是以世胄常蹑高位而寒畯苦无进身之阶，文士或间一遇时，而武夫尤难以逢世。以故诗人惜之曰：“此林中之施兔罝者，其才智皆公侯之干城，公侯之腹心也。”惋惜之情，显然言外。）不然，既足为干城，为腹心矣，何以为公侯者犹听其托迹于“中林”，寄情于“兔罝”哉？以一篇两属之固非是，即以为俗美贤多亦恐未合诗人之语气也。（见《崔东壁遗书》或《诗经注析》）

“颇能体会诗意”的诗意是什么呢？程先生自己说诗意是“这是赞美猎人的诗”，而崔述接下来明明说的是：“《兔罝》一篇乃由盛而之衰之诗。盖盛则贤才聚于廊庙，干城腹心之材不弃于‘中逵’‘中林’之地。衰则风俗日偷，人材渐少，中逵中林之地亦罕有干城腹心之材。惟盛之后，衰之初，卿大夫世禄者多不必皆有才能，而在下之美俗淳风尚未大变，是以畎亩之间往往有奇才可寄爪牙者。于斯时而无人为振作之，久之而风俗遂日敝，《关雎》《桃夭》之化，遂变而为《乔木》《游女》之风。君子于此可以观世变焉。”崔氏相信，阅读诗篇最重要的是体会这种世变，如果不能体会到此，则非所谓诗意。显然，崔、程所理解的诗意是不一样的：程先生是充满了诗意的浪漫的，这就是文学的浪漫主义；而崔氏则是科学的历史主义。胡适对崔氏的定位一点都没错。

我们知道，很多人相信朱子是反对毛公的，基本上是在毛公的《诗经》阐释范式之外重新建立了一套解释的样式。但崔氏并不这么看。因为，在他看来，不管是毛公还是朱子，都是古代人了。即便后来者重新解说，其实也没有脱离前人的范围，这是他们最大的相通之处。也就是说，唯有这样不断地承续，才有诗篇精神的传承，抓住其中的同处，也就找到了创新的切入点。对崔氏而言，切入点就是由另外一个经典中所提及的盛衰之世的判断，也就是我们不考虑诗篇本身，只抓住时代影响这一点，就尚有思考的余地。

如果我们细读崔述的解读，就会发现，他根本就不同意赞美说，也不同意讽刺说，而是主张惋惜说。他的理由是盛世可美、衰世可叹，从盛到衰只能是惋惜。传统的观点认为，《二南》是周公制礼作乐的产物，既然如此，诗篇所反映的故事背景当然是王道盛世了。但是，我们也知道，诗篇是经孔夫子删定的，那么它或许自然就蕴藏着孔夫子那个时代的风貌了，这个时代的特点当然是从盛而衰。这样一来，我们可以认为崔氏将周公制礼作乐这个故事悬置起来，更多的是要对孔夫子的时代背景加以分析。有了这样的设想，我们再去看诗篇，也就会有全然不同的理解了。打兔子，这样的活儿就是一般的人干的，在开拓的时代一般人尚有出头的机会，而在进取不再的太平时代，这些人就没什么机会了。撒鹰打兔子的人，即便是有能力，也想干出一番大事业来，但没有那个机会了。这就是我们所谓的阶层固化，这个时候写诗的人除了对历史的追慕之外，可能更多的是对现实的某种遗憾了。

四

之所以说崔述是科学主义的先驱，胡适以为原因在于：崔东壁的书一百年待在故纸堆里无人问津，后来被日本人首先发掘出来了，而且“崔述的学说，在日本史学界颇发生了不小的影响。近来日本的史学早已超过崔述以经证史的方法，而进入完全科学的时代了。然而中国的史学家，似乎还很少赏识崔述的史学方法的”（《科学的古史家崔述》）。梁启超写清代学术史，居然没有给崔述留个位子，哪怕是敬陪末座也行啊，可是没有。钱穆《中国近三百年学术史》中也没有这号人物。据说，只有刘师培还算识货，在他一篇文章里表彰了崔述，认为崔述的法子可以给古籍去伪存真。胡适说，这样的好书，在一百年里没有影响，这是学界的耻辱，“是中国学术界的奇耻！”（同上）胡曰，中国的新史学必须从崔述开始，从《考信录》开始。于是乎，崔述成了科学史学的开山祖师爷了。

然后，他的《诗经》学著作也就值得一看了。对于《诗经》学来说，崔氏的《读风偶识》同样也成为学者们必须引用的大作。民国时期，推重崔述的不仅仅是胡适。梁启超也认为他的书值得一读。在《要籍解题及其读法》中，梁氏曰："通论《诗》旨之书，清魏源《诗古微》、崔述《读风偶识》，极有理解，可读。姚际恒《九经通论》中《诗经》之部当甚好，但我尚未见其书。"没见过也觉得好，梁任公还真是性情中人。这还不算夸张，他在《国学入门书要目及其读法》中把崔述的书列在了《周礼》和《资治通鉴》两书中间，说："《考信录》，崔述著。此书考证三代史事实最谨严，宜一浏览，以为治古史之标准。"崔述的书俨然成了政治史和学术史上的不刊之论了。梁启超开出的"政治史及其他文献学书类"的书单包括：《尚书》《逸周书》《竹书纪年》《国语》《春秋左氏传》《战国策》《周礼》《考信录》《资治通鉴》《续资治通鉴》《文献通考》《续文献通考》《皇朝文献通考》《通志（二十略）》《二十四史》《二十二史札记》《圣武记》《国朝先正事略》《读史方舆纪要》《史通》和《中国历史研究法》。举贤不避亲，最后一部是梁任公本人的著作。古史的总结性著作，在梁启超看来就是崔述的《考信录》。

总之，崔述生前，在学术上基本上没有什么影响，更别说对主流学术了，他根本就不入流；他死后若干年，被胡适等人逮住了，成了一个典范，也就成了非常有意思的学术现象。这也告诉我们，主流不主流的，也就是个历史过程，真正能够用心去写的书，即便默默无闻，后来说不准也能成名著。

崔、姚、郑，在他们那个时代，皆非主流学者，特别是崔、姚二人，可以说是当时学术界的小兵。"吾道不孤"，自然能化。历史中的小兵怎么了？照样是能在《诗经》阐释中进入前十名。这样，我们就用崔述自己的故事来印证了他的看法，似乎并不见得能经得起历史的考验，至少对他自己来说就不成。这或许就是历史的悖论。当然也是《诗》与人生的不确定所在，也是人生值得一过，以及《诗经》值得一读的精彩所在。

问题在于，《毛诗序》怎么将他们和女一号联系在一起呢？和男一号联系起来还差不多。按照《诗序》的说法，这是女一号的德行感动了世人，让人们深切地感受到了人性的温暖，和圣母般的光辉，所以人才自然就愿意追随男一号。这样一说，我们就很容易理解，为什么对一个家、一个国来说，女一号那么重要了。现在欧洲那么多乱七八糟的问题，好些就是因为女一号出了问题。

五

上面是关于打兔子的故事，如果有兴趣还能找出很多兔子来。而新的故事可以从闻一多（1899—1946）先生说起。事实上，现代《诗经》学，特别是《诗经》的解说与研究，在很大程度上都躲不开闻一多及其同时代的朋友们，因为正是他们这一代人铸就了《诗经》学的新范式，即在传统经典阐释学的范围之外，运用新的理论方法重构历史的解释和艺术的象征。

比如，对于打什么才算英雄的武士这个疑问，闻一多跟我们一样觉得是个困扰，毕竟在现代人的经验中，兔子是个可爱的小动物，打兔子的确算不上什么英雄，不管他的网子编得像花一样好看，还是跟铁笼一样牢靠，用来逮兔子，画风未免不够和谐。极有可能是有人的解释搞错了，打错了兔子。比如字弄错了，然后就意思错了；比如发音弄错了，然后意象也不同了。总之，要画出来一个赳赳武夫的形象出来，绝对不可能是打兔子。会打什么呢？当然是打老虎。只有打老虎才能配得上英雄称号，这一点是古今相通的。打兔子，自古以来就不算是什么好汉行为，只能列入笑话集，而不会成为诗歌集的关键人物。仅凭这一点，闻一多的研究就足够我们称道了。不止如此，闻一多还用了各种文字材料来证明，兔罝不是织网打兔子，而是弄陷阱捕老虎。

打老虎首先是一个文字考据问题。这一点，并非闻一多异想天开，清代学人最推重的《说文解字》注解家就是这样理解的。他们认为，兔罝的兔不是兔子的兔，而是“於菟”的菟，也就是老虎。段玉裁《说文解字注》解释“兔”字：“其字象兔之蹲，后露其尾之形也。汤故切，五部。俗作菟。”段玉裁说“兔”和“菟”其实就是一个字，而且一般人在写字的时候，更常见的写法是“菟”，只有书面文献才常用“兔”。他并没有说为什么会这样判断，也没有说兔罝就是菟罝。所以，没有多少《诗经》学家去关注这一问题，直到闻一多想细读《诗经》的时候才发现这个大麻烦，并且把这个问题做了进一步的推演，得到了一个相当不错的解答。

闻一多《诗经通义》从段玉裁的“兔”“菟”两个字是一个字说起。他先有了想法，再看到王质《诗总闻》，觉得深得他的意图。当然，我们可以首先找经书文字解释书，就像现在我们查找资料去辞典、百科等中搜寻线索一样。比如《经典释文》就值得一看，在国家图书馆所藏宋刻宋元递修本《经典释文·毛诗音义上》中，写的就是“菟罝”：“菟罝。菟，又作兔，他故反。罝，音子斜反，菟罟也，《说文》子余反。”也就是说，我们在古籍中的确能找到“菟罝”的例证，而且它是宋代人的刻本。

值得注意的是，段玉裁说俗写时会把“兔”写成“菟”，也就是说正规的写法不应该是“菟罝”。我们现在看到的国图藏宋刻本《经典释文》，是杭州地区的刻本，曾经是元代国子监藏书，明清时成了皇室收藏品。也就是说，它是否为宋代读书人所常见的书并不清楚。否则，我们就很难说为什么宋代以来的《毛诗》都写作“兔罝”而非“菟罝”。比如《纂图互注毛诗》中抄录的《经典释文》部分写的是：“兔罝。兔，又作菟，他故反。罝，音子斜，《说文》子余反。”《毛诗正义》《毛诗诂训传》也是如此。相比较而言，《毛诗》的版本更加可靠一些，至少是有不同系统的版本可以拿来校对，而《经典释文》的版本情形并不清晰，所以我们有理由相信，原书的文字并非目前所见宋刻宋元递修本《经典释文》的那个样子。

闻一多觉得没有必要管它是否为俗写，不管通俗还是高雅，只要有这样的写法，是能找到的资料，就说明我们可以从这里找到突破口，解决我们的问题。既然我们的问题是，打兔子极有可能算不上什么英雄，那么，如果我们如果能证明不是打兔子而是打老虎的话，问题就解决了。

首先，菟就是老虎，是有文献记载的。这在《春秋左传》的鲁宣公四年中就有明确的记载，楚国人叫老虎为“於菟”。省略一下的话，虎即菟。《方言》《广雅》《汉书》等古书及其注释都能引以为证。

其次，菟和虎不是假借的关系，而是读音相同的，基本上都是楚国的方言。虎和兔的读音现在的确不同，但谁能保证在古代它们不是相同的呢？而且，我们还需要把古代的方言考虑进去，那就更有这样的可能性了。据闻一多的考证，虎可以读泽（澤），可以读皋，那么读兔也是正常的。而且，菟就是虎是楚国的说法，也是有明证的。

再次，如果我们再把《二南》的地理范围确定在南方，也就是楚地的话，那就更有说服力了。

总而言之，把虎读为菟，是荆楚地区的方言发音，《二南》恰恰可以说是在楚境，《兔罝》篇原本是《菟罝》篇，是打虎英雄之歌也就非常可信了。

闻一多还怕人为难他，说你怎么能确信《兔罝》篇的猎人不是打兔子而是打老虎呢？他说，的确，我只能确证菟就是荆楚之人说的老虎，而且兔罝就是用支网去打老虎。我们确实无法确认诗篇就一定是打老虎之歌。但是，从“公侯干城”来理解，即便是要保安都要身强力壮的，公侯人家要的显然是乌获、孟贲、夏育之类的，要有贲育之勇才行。诗人在林莽之中，看到正在支网的捕虎人，忻慕其人，赞美其事，写首诗，表达一下，才是可以想象的。如果只是一般的猎人，弄个小网准备打兔子，还值得写首诗？还能称得上“赳赳武夫”？当然是不像的，吹牛也不带这样的。况且，我们认为诗人吹牛的可能性是比较小的。

撸草打兔子，捎带的一个小问题是支网。撒网捕鱼抓鸟还比较常见，捉老虎是不是需要支网子呢？当然，不是每个人都是武松，人们在打猎的时候，要尽可能地想办法捕获猎物，对于那些猛兽更是要预先做准备，支网打虎就是再正常不过的。要是不信的话，我们看看《汉书·扬雄传》，其中有扬雄写的《长扬赋序》，“张罗网罝罘，捕熊罴豪猪，虎豹狖玃，狐兔麋鹿”，也就是说一切野兽都可以用网来抓，而且越是大的越需要它。老虎被网子缠住之后，速度和力量都发挥不出来，猎人们就可以一拥而上，把它给俘虏了。

闻一多总结他的《诗经》阅读理解经验是，先有一个比较明确的想法，然后看看书，找到了前人也提到过类似的观点，很高兴，但是前人或许没有详细论证，必须加以详细考察才行。接下来要做的事情就是：“涵咏经文，略推音理，而征之往籍，以证成其说如此。《诗》无达诂，见仁见智，聊备一义耳。”（《诗经通义甲》）

闻一多的这个说法，影响了一些学者，比如沈泽宜《诗经新解》就把《兔罝》篇译为《捕虎者》，李辰冬《诗经通释》也采用了这个说法，并且认为这是诗人说自己有实力，要效忠于公侯。

综上，不管是打兔子还是打老虎，都可以对诗篇进行有趣的解读。对我们来说，诗篇并没有去讲述那些高高在上的王者之荣耀，而是选择了普通人的事迹来讴歌，讲述普通人的故事。这世界上的普普通通的平凡小兵值得讴歌，不仅仅是因为他是小兵，而是因为他们代表了一种生活的信念和一种生活方式的选择。我们中的绝大多数都是小兵，我们该怎么生活，这才是问题的关键。所以，读《诗经》可以用各种各样的方法进入，怎么读都行，对于不搞《诗经》学的人来说，"肃肃兔罝"即可。那么，什么是"肃肃兔罝"呢？大多都解说成"网眼很密"或者"网子很结实"之类的，在孔颖达的《毛诗正义》中，不是这样解说的，其认为这句诗应该解释为：即便是很低级的活儿，仍然干得很认真；即便是个地位低下的人，仍然在认真地工作生活。所以，肃肃就是sù sù，这样才能让人肃然起敬。如果是读作suō suō的话，看起来似乎更高明些，毕竟读出了和字本身不一样的发音。朱子还是比较尊崇古代的学问的，即便我们知道他提出了不少新的设想，但是对于"肃肃兔罝"，他的解说是："肃肃，整饬貌。"也就是说，看起来就感觉到严肃整齐，自然不错。什么时候读成了不是肃敬而是缩缩呢？不必管它，它不是重点。

乱曰：

周文千古传，腔调宜当先。解经多险艰，著述为哪般。
丁丁椓木欢，肃肃细心谈。述学多奇迹，兔罝见众贤。

（作者单位：国家图书馆）

古代女孩子在及笄之前，头上都要梳着两个“髻”，左右分开，对称而立，像个“丫”字，所以称“丫头”。

山西翼城方言寻根

——方言俗语里的雅言古韵（下）

安希孟

S

“靸（sa）鞋”，鞋子不完全穿上，把后鞋帮踩在脚跟下，靸拉着鞋。《红楼梦》宝玉“便披衣靸鞋往黛玉房中来”。

“馓饭”，翼城一种主食，用玉米面等杂粮面做成的稠面糊。

“腮板子”，骂人话，是指爱打嘴仗、开嘴炮，因为愤怒时要鼓动腮帮子。

“茬”，念sha，回茬，翼城方言，回茬小麦是以大秋作物和复种作物为前茬种植的小麦。非回茬地，叫作细地。回茬玉米，叫“回（sha）玉米”，指割完麦子再种。秋粮收割再播种小麦，也叫回茬。

“蛇”“啥”“赊”“佘”读shá，舍不得，翼城话，念“sha不得”。扔了，叫sha（舍）了。“赊”念sha，赊账。翼城方言，sha账。按照旧的韵书，六麻平声字，有斜、赊、车、遮、蛇、奢、蟆、蜗、爷、畲、茄。这种押“麻韵”的韵脚，在唐诗宋词中常遇到。“蛇”，翼城人或晋南人读shá，但在字典中查不到。河北、北京一带的老人，《白蛇传》中“青蛇”“白蛇”，也读“青啥”“白啥”。那里“蛇”叫sha，极少人念shé。

“厦窑”，翼城黄土高原民居。前部叫厦坡，后面是窑洞，厦窑前后结合紧密，不会漏雨。普通瓦屋就叫厦坡。

厦窑

“烧包”，翼城方言，比喻得意、炫耀。“烧包”是北方方言。一说，中元节习俗“烧包”，也就是“烧”，讽刺人因有钱而不知天高地厚。二说，乞丐有一根打狗棒，一个随身包、要饭包。乞丐把篓子点着了烤火，只贪享用而烧掉随身包，就是“烧包”的来历。它也指中元节祭祖焚化包封好的纸钱。袁枚《子不语·烧包》：“粤人于七月半，多以纸钱封而焚之，名曰‘烧包’，各以祀其先祖。”烧包表示“有钱”“花钱”。

“烧水”，白开水，“水熬了”就是水开了。

“潲”，shào，雨点被风吹斜洒，“雨往屋里潲”。

“瘆”，shèn，使人害怕、可怖。窑里“太瘆人”。

“拾掇”，叫“拾当”，指收拾停当。掇者，拾取、摘取之谓也。“拾荡”，“收拾、荡除”之谓也。

“厮跟”，sī gēn，跟随、伴随。《水浒传》：“两支船厮跟着在湖泊里。”姚雪垠《李自成》：“王铁口和德耀厮跟着来到堂屋。”贾平凹《废都》：“当那位囚首垢面的老头又在街头说他的谣儿，身后总是厮跟了一帮闲汉。”洛阳方言：“你不能跟他厮跟，恁俩走的不是一条路。”

“厮拼”“厮并”，厮杀拼打，翼城话是“厮pie”，相拼，决斗。厮，互相。元关汉卿《玉镜台》第二折：“更有场大厮并，月夜高烧绛蜡灯，只愁那烦扰非轻。”明施耐庵《水浒传》第六回：“你是我手里败将，如何再敢厮并！”《水浒传》第三十四回：“秦明见说了，怒气于心，欲待要和宋江等厮并，却又自肚里寻思。一则是上界星辰契合，二乃被他们软困，以礼待之，三则又怕斗他们不过。因此只得纳了这口气。”《水浒传》第五十二回：“朱仝怒发，又要和李逵厮并，三个又劝住了。朱仝道：‘若有黑旋风时，我死也不上山去！’”

古代山西是羌人活动、徙居的地区，故有羌族语词留存，保留了许多古汉语词汇，比如“一起走”叫“厮跟上”。“厮”，互相。厮打、厮混、厮杀、厮守，都不是一个人。明胡震亨《唐音癸签》卷二十四：“相，思必切，读若瑟，今北人皆呼为厮。”黎锦熙《中国近代语研究法》：“厮字，向来无解，不知即‘相’字一声之转。”可知“厮”即相互、互相。厮跟，也作“厮赶”。《文水县志》：“相随曰厮跟。”明冯梦龙《醒世恒言》第十四卷《闹樊楼多情周胜仙》：“（范二郎）当下同王婆婆厮赶着出来，见哥哥嫂嫂。”李准《耕云记》：“她气的也不和我厮跟了，赌气从前边走了。”例句：“咱两厮跟上回家。”

“馊（si）气”，翼城方言指饭菜腐败变味。如“饭都馊气啦”。“抹（ma）布一股馊气味。”“馊”，古代读sou后来演变为si。四川《南川县志》载：“冷饭变味曰馊（si）臭。土音馊，转若斯。”四川奉节县，“馊气”念“斯气”。贵州沿河说“斯臭”。陕西、甘肃方言也把“馊”念作“si”。有人发明“sī”字，表示晋方言馊气。“馊”，古代注音为“所鸠切”，即读siōu。后来，“馊”音变为sōu，在翼城县则失落了韵尾，音变为sī。蒲松龄《日用俗字·饮食章》中有：“粆䊴（音恼）豆腐不上桌。”河北魏县、河南新乡、洛阳也说成“私气”或“死气”。《陇右方言词语疏证》《玉篇·食部》：“馊，饭坏。色求切。”《六书故》：“馊，疏鸠切，饭臭酸也。”纪国泰《〈蜀方言〉疏证补》：“食物因高温变质而发出酸臭味，蜀人或曰‘馊’，或曰‘厮臭’”。《说文·犬部》：“狻，南越名犬獿狻。从犬叟声。所鸠切。”蒋礼鸿按：“嘉兴谓小儿善娆人曰獿狻狗，狻音变如丝。”有意见认为，正确写法是“馊气”。

T

“趿”，tā，拖着鞋子，趿拉着鞋子。

“摊张”，铺开摊子张罗，开张，开始，着手。

“弹气”或“洋弹气”，翼城方言，讲排场，过分在意。“你别瞎弹气了！”，疑为“坛器”“檀器”。

“稻黍”，tao fu，即高粱因为状如稻子，又像黍子。舀，音tao。稻，tao，如，韬、滔、瑫、搯、慆、幍、谄（谄，tao，可疑：“天道不谄，不贰其命。”超越本分：“帝念不谄，应时作谋。”隐瞒：“不谄过，不责得。”）。舀，上为“爪”，下为“臼”。“爪”，踩踏之物；“臼”，承受击捣之物。“爪”与“臼”合，表示“以爪为杵，以臼为物，像以杵捣臼那样用脚爪踩物”。本义：用向下击打的方法取物。

“熥”，tēng，熟食再加热，把馒头熥一熥。

“弟弟”，翼城话叫ti，古音，包含“弟”而读ti的，如梯、剃、悌、涕、锑、稊。

“挑担”，连襟的俗称。清黎士宏《仁恕堂笔记》：“姊妹之夫曰挑担。”

“粜”，tiào，卖米，卖出，如粜粮食。《史记·货殖列传》：“贩谷粜千钟。”《商君书·垦令》：“使商无得籴，农无得粜。”

“洞”，tong。洞子沟，念“tong子沟”，南常村旧景观。古音。包含“同”而发音tong的字很多，如铜、筒、桶、桐、酮、侗、茼、烔、垌、峒、恫、哃。读dong的有硐、侗、垌、峒、胴、恫、烔、戙、峝。洪洞，若读作洪dong，那就是无知。

“头箍”，指牲口，因耕牛穿鼻，牲口头戴套脖笼头，头上戴箍，把头“箍”起来。现在姑娘们戴头箍，又称发箍、发卡，固定头发，或作装饰用。牛有穿鼻，便于驾驭驱策也。

“肚”，念tu，从“土”，类如吐、钍、汢、畬、塗（涂）。肚念du，是后来的事。

“抟”，翼城话“抟空”，tuán kōng，说谎。抟，揉成一团，如抟泥球、抟纸团。抟意即“凭借”：“抟扶摇而直上。”抟空原义，一、盘旋于高空，宋陈亮《三部乐·七月二十六日寿王道甫》词：“十朝半月，争看抟空霜鹘。”清曹寅《赴淮舟行杂诗》之六：“失薮哀鸿叫，抟空黄鹄劳。”衍生义，不坐实，悬空，不着边际。二、“抟控”，原意主持、执持。金元好问《愚轩为赵宣之赋》诗：“心生心化谁抟控，举世依依皆大梦。”明徐渭《注〈参同契〉序》：“援笔于既悟之后则可，牵文于未悟之先则不可。不然，抟控糟粕，希不见诮斫轮矣。”抟空，来自成语“抟空捕影”，犹言捕风捉影。比喻说话做事丝毫没有事实根据。《大慧普觉禅师年谱》：“正如痴儿抟空捕影，只堪一笑耳。”亦作“抟影”。明唐顺之《赠蔡年兄道卿序》：“及其力刓于无所不搜，气竭于无所不恢，于是向之可喜可慕者，或如抟影而不可得。”

“舵手”，翼城话是“tuo手”。它读tuo，类似的有鸵、驼、陀、砣、佗、铊、跎、沱、鮀、柁，词语有滹沱河。

W

“搲”，wǎ，用瓢舀水，如“再搲一瓢水”“搲一碗面”。身上有虱子，搲一搲。

“挽拳抹（mā）袖”，翼城话，即揎拳捋袖，挽起袖子，露出拳头，准备动武，出自《碧桃花》。翼城方言，从井里打水叫“绾水”。绾，盘绕、系结，如“绾发”。绾，从糸（mì）官声。本义：系。《儒林外史》：“范进一面自绾了头发，一面问郎中借了一盆水洗洗脸。”绾，就是卷起，如“绾袖子”。辘轳，北方提水设施，安在井口绞起汲水斗的器具，由辘轳头、支架、井绳、水斗等构成。这是利用轮轴原理制成的井上汲水装置。此为周代发明，井上竖立井架，上装可用手柄摇转的轴，轴上绕绳索，绳索一端系水桶，摇转手柄使水桶起落，提取井水。辘轳，象声词，形容车声。

“王朝马汉”，是包拯手下的公差，连起来是“张龙赵虎、王朝马汉”，旧小说《三侠五义》中虚构的人物。翼城土话，“热成了王朝马汉”。贾平凹《高兴》：“走过大厅，上到十五层抱着一台废煤气灶再走下来，热成了王朝马汉，吓，大厅地板上的脚印还在。”

“为作”，翼城方言，犹作为、行为。唐李翱《去佛斋论》：“使佛生于中国，则其为作也必异于是。”

“璺”，辞书上的注音为wèn，意为微裂，尤指陶瓷、玻璃等器物上出现的裂纹，如“缸上有道璺”“打破沙锅璺到底”。“璺”尤其指盘碗或砂锅、铁锅裂痕，不说“裂了”，而说“璺咧”。裂了个缝缝，说开了个“璺璺”。

今人写作“打破沙锅纹到底”，谐音“打破沙锅问到底”。

“兀儿”，那儿、那哈尔，翼城话叫“兀都”。

“诬谮”，翼城方言，念作“诬zan”，进谗诬陷。既是雅言文言，又是俗语。《汉书·刘向传》：“显诬谮猛，令自杀于公车。”唐许棠《寄建州姚员外》诗：“诬谮遭遐谪，明君即自知。”《资治通鉴·唐德宗贞元十九年》：“实恃恩骄傲，许人荐引，不次拜官，及诬谮斥逐，皆如期而效，士大夫畏之侧目。”

“五黄六月”，指农历五六月间天气炎热，农忙时节，收割夏粮，龙口夺食。明吴承恩《西游记》第二十七回：“只为五黄六月，无人使唤，父母又年老，所以亲身来送。”五行属土，五色中土主黄，故曰五黄。“五黄六月”和“十冬腊月”相反。五黄是指黄鳝、黄鱼、黄瓜、咸蛋黄和雄黄酒。

X

“恓惶”，xī huáng，忙碌不安、悲伤、惊恐烦恼的样子。甘晋陕方言，穷困潦倒，可怜兮兮。唐李白《上安州李长史书》：“白孤剑谁托，悲歌自怜，迫于恓惶，席不暇暖。”分明是文雅语。《旧唐书·李重福传》：“天下之人，闻者为臣流涕；况陛下慈念，岂不愍臣恓惶？”唐韦应物《简卢陟》诗：“恓惶戎旅下，蹉跎淮海滨。”宋欧阳修《投时相书》：“抱关击柝，恓惶奔走，孟子之战国，扬雄之新室，有不幸其时者矣。”南宋辛弃疾《一剪梅·记得同烧此夜香》：“雁儿何处是仙乡，来也恓惶，去也恓惶。”元高文秀《黑旋风》第三折：“阁不住两眼恓惶泪，俺哥哥含冤负屈有谁知？”元白朴《梧桐雨》第三折：“唱道感叹情多，恓惶泪洒，早得升遐，休休却是今生罢。”明沈鲸《双珠记·姑妇相逢》：“当此际不觉恓惶，骨肉相看惆怅。”《大唐三藏取经诗话上》：“前去路途尽是虎狼蛇兔之处，逢人不语，万种恓惶。”

“斜”，方言就叫xia。“过江千尺浪，入竹万竿斜。”上海话也念“xia”。许多地方话与古语相同。“寒食东风御柳斜”，“乌衣巷口夕阳斜”，“远上寒山石径斜，白云生处有人家。停车坐爱枫林晚，霜叶红于二月花”，“疏影横斜水清浅，暗香浮动月黄昏”。

“下造”，翼城方言，正式的词叫“下作”，卑鄙，下流，又贪又馋。下，翼城县人读ha，如，夏天、下来。瞎、吓、匣，念ha。“雅观”，念“xie观”，长得漂亮。上古读音。例如，邪、螂。

“先后”，指妯娌，《尔雅·释亲》：“长妇谓稚妇为娣妇，娣妇谓长妇为姒妇。”晋郭璞注：“今相呼先后，或云妯娌。”

“小月”“小月子”，小产、流产的通称。《红楼梦》第五十五回：“凤姐儿因年内年外操劳太过，一时不及检点，便小月了。”

“解惑”，xie惑，就是理解。很文雅古奥的方言。翼城话“解（xie）惑不开”，理解不了，难以置信。“师者，所以传道授业解惑（xie huo）也”。解事，念xie，古代指释疑、解惑，通晓事理。小孩早慧叫“解xie事”，通晓事理，又写作“歇事”。

和鞋有关的词语，行将消失的生僻字。本文行将消失的汉字还很多。涉及“绱（翼城话chang）鞋底”，还有纳鞋底、鞋底板、鞋底鱼、鞋遛子、鞋楦子、鞋拔子。当然，土炕、羊毛毡、夹袄、褡裢子，一大堆农家家什，磨盘面罗、织机马车，以后的人读不懂的还很多。人类前行，总会遗忘、遗弃诸多事物。人类所遗弃的远超过要传承的，遗弃才会发明更多。“历史”一词含义是什么？就是放弃，吐过纳新。负载过重便行动迟缓。

“心影”，翼城方言指疑神疑鬼，疑心生暗影。禅宗语，不用语言文字而直接以心相印证。理学家指心性领会。“老在心中想”，“总挂念着”。其犹“心地”。南朝梁江淹《为萧领军拜侍中刺史章》：“夤对以慷，心影若倾。”《太平广记·骊山姥》：“血脉未减，心影不偏，性贤而好法，神勇而乐智，真吾弟子也。”

按照现代心理学，也可以写作“心应”，指一种心理暗示，即心灵感应，不知不觉中情绪或行为受到暗示。这是神秘主义宣称的超感觉能力，也被称为直觉、预感或第六感觉。现代科学否定心理感应但人类常常幻想“奇幻交流”和“特异功能”，常常虚构类似的观念。有些人把心灵感应与预知、透视、共情连在一起。

“心灵”，心性灵敏，机灵，聪明。《西湖佳话·西泠韵迹》：“早生得性慧心灵，姿容如画。”另有“心灵手巧”一词。

“心说”，心里想。

“饧”，xíng，糖块、面剂子等变软。例如，饧面，糖饧了。饧，精神不振，眼睛半睁半闭。

没有规则、规律可循的翼城方言，例如，继续，念“继xiu”。续鲁村，念“xiu鲁”。xu、xiu，同韵。

“乡俗”，翼城土语叫乡xu。俗，xu，从谷，带谷的字念yu，如，富裕、洗浴、欲望、峪。翼城故乡方言里其实不少是古音。俗话，方言叫xu话。通俗、风俗，念通xu、风xu。宿舍，念xu舍。

“楦”，xuān，做鞋用的模型：楦子、鞋楦。方言中，人们把鞋楦叫作“楦头”或“鞋楦子”，用鞋楦楦鞋。农耕时代，农民的鞋都是农妇手工缝制，家家都有楦头，新鞋要用楦头楦成型才能往脚上穿。

“揎”，xuān，用手推开，“把门揎开”。

“旋”，xuán，回环转动，如“旋柿圪垯”，也特指头发呈旋涡状。翼城饭食“油旋”，各地叫油脂烙饼。

“踅摸”，xué mo，寻找，犹踏勘。踅，同“茓”。

Y

“爷婆”，“ya婆”，祖先之谓也。供奉祖宗，叫“献爷婆”。爷爷，念yaya。“敬爷婆”即是敬祖先。有的地方也叫“家神”“爷婆爷”“先人”。祖宗，爷、婆亦在其中。

“轧棉花”，轧花机，轧，ya，就是压榨。

“夜、野”，翼城人念ya。野地，ya地。夜里，ya里。昨天叫“夜个”。野，当动词，东西丢了叫“野ya了”，使动用法：使……被抛在野外，丢到野外；还有“出去野（ya）去了”。天苍苍，野ya茫茫，是正确读音。野读ya，粤语也是。

女孩叫丫头。头上羊角辫，分丫。古代女孩子在及笄之前，头上都要梳着两个“髻”，左右分开，对称而立，像个“丫”字，所以称“丫头”。唐刘禹锡《寄赠小樊》诗云：“花面丫头十三四，春来绰约向人时。”又叫闺女，不出闺门。闺，闺房或闺阁，古代女子起居坐卧、修炼女红（gōng）、研习诗书礼仪的场所。闺女就是闺房里的女子。

“阉割”，翼城话叫“骟”，shàn，割去牲畜的睾丸或卵巢。

雨点稀疏叫“扬泄”，两三点雨山前。

“吆唤”，yāo huàn，大声喊叫，吆喝。

“咬群”，比喻常跟周围的人闹纠纷。

“一股抓”，量词，一绺，指一束线、须、发、丝缕等的组合物。

“应承”，应允，承诺，也是应酬。元关汉卿《玉镜台》第四折：“你只要应承了这一首诗，倒被我勒掯的情和睦。”明冯梦龙《喻世明言》第一卷：“王公未肯应承，当日相别去了。”明冯梦龙《东周列国志》第四回：“二宰久知太叔为国母爱子，有嗣位之望。今日见他丰采昂昂，人才出众，不敢违抗，且自应承。”明兰陵笑笑生《金瓶梅》第三十回：“翟谦向来保说：‘我有一件事，央及你爹替我处处，未知你爹肯应承否？’”今翼城方言保留这个词。

“有喜”，翼城方言，指妇女怀孕。

Z

翼城方言，“早烧不出门，晚烧晒死人”，“早烧鼓雷晚烧晴”，烧，火烧云。早烧，指早霞、朝霞；晚烧，晚霞。此处“烧”读shào，名词或形容词，并非动词“烧”，义为红光、红霞、红云。乌云遮日，故有“烧”，预示下雨。《管子·轻重甲》：“齐之北泽烧，火光照堂下。”民国六年《临县志》“俚语”：“早霞曰早烧（读去音），晚霞曰晚烧。”《山西通志》记载：“霞曰烧。语云：早烧不出市，晚烧行千里。”此处“烧”读去声，名词。然而一般情况下，“烧”读平声，动词。如《广韵》：“烧”平声，“式招切”，又有去声“失照切”，与“少”同小韵，同音，作动词用，意思是“放火”。

翼城方言“官儿皂儿”，皂，玄色、黑色。皂吏，官吏之一种，旧时衙门内的差役，常穿黑色衣服。黑衣吏员、掾属之谓也。黄衣使者白衫儿，黄衣使者指出使宫市的太监，白衫儿即太监手下爪牙的通称。

“拃”，翼城方言念zhǎ，农耕时代，人们张开手掌用拃来算尺寸。

翼城方言中的缩略语：这一个人，说“窄（这一）人”；人家，叫“nia”；那人，“wai人”，即“兀一人”。一个人，叫“一歪人”，即一位人。位，读wai（歪）。

“展样”“展扬”，翼城方言，指像样、大方、有气派。常用作否定：某人“不展扬”，就是猥琐。相反，“周正”，即端庄，端正大方，模样周正。例如，“把帽子戴周正”，“桌子摆周正”。

“张急”，翼城话指巴奔、紧张、忙碌、争创。方言“张急”，“张急得很”，“别太张急”（巴奔）。很古的雅词。张，一张一弛。“张急”，本谓琴弦紧绷，喻吏治严酷。张弛急缓应有度。《韩诗外传》卷一：“治国者譬若乎张琴然，大弦急则小弦绝矣。”《后汉书·循吏传赞》：“政畏张急，理善烹鲜。”

“摘、窄、窄、翟”，翼城方言念zhei。“遮住”，翼方言叫zha住。这世代口口相传的读音无疑是古音，现代读音仅仅是把韵母（韵腹）a演变为了e（“爹”读diē，意思也有了变异）。看来，这些字只需将韵母（韵腹）e还原为a，就读出古音来。“怎”，翼城话，za，“咋”，zan。类似的有乍、炸、咋、诈、榨。念zuo的有，祚、柞、酢、怍、苲、岞、俾。

“置气”，翼城话，斗气，生闲气，冷战，不说话，怄气。这其实是华北大多数地方的方言。但翼城人说这是翼城方言，是可以的，因为它是方言，是各地方言，不排斥是翼城方言，这就够了。还可以是“治气”，指怄气、生气。知侠《铺草》：“同志不会跟我这板老头子治气，同志的心胸能像咱这庄稼人那样狭隘么？”《妇女代表》（《新华月报》1953年第9期）：“人家不听，就好像跟我治气似的。”也可以是“制气”，怄气，如“别老跟我制气”。

“搁”，zhōu，方言，把重物从一侧或一端托起或上掀。搁起来，即举起来。

“周吴郑王”，《百家姓》里四个姓氏，在翼城口语里是指“一本正经，穿着规矩”。例如，“你今天穿得周吴郑王”，多含有戏谑、调侃味道。

“煮夹”，即饺子、水饺，因为煮熟用筷子夹着吃。还有一种主食叫“钵煮夹”，即水煎饺，钵，平底锅，虽曰煮实为水煎，即水煎饺，不是油煎。另有一种食品叫“油煎”，即油炸饼。

“拽”，zhuài或zhuāi，拉。“很拽”，拽架子，意思是摆架子。

“恣坦”，翼城方言，舒服，翼城话又叫“恣然”，自由肆意。恣，随意、无所谓、放纵，合而表示毫不在乎、无所顾忌。

“自管说”，只管说、只顾说，土语叫“自顾说”。

翼城县方言是一座丰富的语言学宝库，口语中保留了许多古代语言信息，反映了汉语发展的轨迹。民间语言是民俗的重要载体，民谚、俗话、习语承载着物质生产方式。村落民间语言，包括顺口溜、俗语、谚语、歇后语等，使用者主要是村民乡民。民众集体传承的俗话套语口语，是千百年来民众口口相传，用以表达思想、承载民间文化的口头习惯语，简洁而明快，表情达意。民间惯用语言鲜明的生活化和质朴性，有别于上层语言。

我不是方言专家，也非语言学者。此文枚举一些词语，似乎无规律、规则可言。方言者，一方土地的语言，没有普遍性，不是“普通”话（普通话就是共同话），不具普遍约束力。比如方志，就不是通史。翼城有的方言土语，应该是土得掉渣，笔墨难以形容，无语法规则，没有马氏文“通”，无法文从字顺，无法归入训诂学，实为无可名状，难以和外乡进行语言游戏，难怪“他乡遇故知，两眼泪汪汪”。训者，顺也，使得顺达，所以本文就是挂一漏万的乡音训诂之学。

常用民间熟语使用率高，流行面广，是民间文化中最基础、最丰富、最常用的部分，包括俗语、谚语、歇后语、称谓语和流行语。这些语言主要是口头语，表现在方言和民俗中，有别于书面语。其难度在于难以书写，也难以寻觅出处和起源，还具有保守性、僵固性、迟滞性，也暗含落后迷信习俗。

（作者单位：山西大学哲学社会学学院）

北宋人极爱羊肉，宋神宗时御厨一年所用“羊肉四十三万四千四百六十三斤四两，常支羊羔儿一十九口，猪肉四千一百三十一斤”。

南宋临安城中的北方饮食风俗探源

周君毅

两宋之际，是古代继西晋永嘉之乱与五代时期之后的第三次大规模人口南迁时期。这次人口南迁对南方地区的影响十分重大，葛剑雄主编、吴松弟著《中国移民史·第四卷·辽宋金元时期》(福建人民出版社1997年版)一书对此有细致的考索。人口的大量流动造成不同地区、不同文化的人群间的融合，也对南宋饮食习俗产生了极为重要的影响。对此，前代学者早有论述：徐海荣主编的《中国饮食史》(华夏出版社1999年版)一书对宋朝整体饮食情况做了概述性的勾勒，刘朴兵《略论宋代中原地区与南方的饮食文化交流》(《历史教学》2009年第4期)一文则详细描述了南宋时期南方饮食文化受中原地区的影响。但整体来看，对于南宋时期饮食所含北方特色的考述，多集中于麦面食品与羊肉这两类食物，对于其他食物则考索较少。

南宋的都城临安，在两宋之际先后经历方腊起义与金兵南下两场浩劫，又恰逢北人南迁的大潮流，其人口构成发生了巨大的变化，这种变化也对饮食习俗产生了极大影响。对于这个问题，吴松弟、徐吉军(《宋代衣食住行》)等人有过讨论，但多是关注到了临安城内存在北方饮食习俗这一现象，而并未对此做更进一步的分析。

本文在前人研究的基础上，试从临安的饮食习俗着手，以芥末为例说明北方饮食习俗的南传，并进一步揭示临安饮食习俗中的北方风俗扎根过程，以及不同移民群体在这一过程中的作用。

一、南宋临安城中饮食习俗中的北方特色

南宋临安城内的饮食习俗较之前有着较大变化，但比较《东京梦华录》与《梦粱录》等记述开封、临安城市生活的文献，可以发现有许多饮食的名称是相同或相似的，这可以直观地表明两宋都城饮食习俗的继承关系。南宋临安饮食习俗中的北方特色，表现在以下几个方面：

（一）主食

南宋时期，受北方饮食风俗的影响，临安居民的主食从传统的以水稻为主转变成以水稻及麦面食品为主。据《梦粱录》等书记载，按照种类来分，主食有饼食、包子、馒头、棋子等类。饼食又有烧饼、胡饼、春饼、油饼、旋饼、蒸饼、汤饼等小类。按照名称举例，则有“四色馒头、细馅大包子，卖米薄皮春茧、生馅馒头、馣子、笑靥儿……羊肉馒头、太学馒头、肉酸馅、千层儿、炊饼”，“三鲜面、鱼桐皮面、盐煎面、笋泼肉面、炒鸡面”（《梦粱录》卷十六），等等。种类之多，品种之繁，实令人目眩。

（二）副食

由北方南传的副食主要是羊肉。北宋人极爱羊肉，宋神宗时御厨一年所用“羊肉四十三万四千四百六十三斤四两，常支羊羔儿一十九口，猪肉四千一百三十一斤”（《宋会要辑稿》），猪肉的消费量甚至不及羊肉的零头。民间也以吃羊肉为荣，甚至有时候“吃羊肉”直接成为做官的代名词。陆游《老学庵笔记》卷八云：“苏文熟，吃羊肉；苏文生，吃菜羹。”

受北宋的影响，羊肉在南宋临安城内也很受欢迎。南宋临安城内效仿东京，开有“肥羊酒店”这样专卖羊肉的大酒楼，“如丰豫门归家、省马院前莫家、后市街口施家、马婆巷双羊店等铺，零卖软羊、大骨龟背、烂蒸大片、羊杂熓四软、羊撺四件”。至于分茶食店、早市夜市中所售羊肉食品，更有诸如煎白肠、羊脂韭饼、糟羊蹄、羊血汤，“羊蹄笋、细抹羊生脍、改汁羊撺粉、细点羊头”。大片羊粉、米脯羊、假炒肺羊熝、五辣醋羊、糟羊蹄、千里羊、红羊、熟羊等，亦是数不胜数。（《梦粱录》卷十六）

（三）饮食口味

宋代“大底南人嗜咸，北人嗜甘”（《梦溪笔谈》），与今人口味恰相反。李肖先生认为，这种南北迥异的食味偏好“可能与当时的地理环境有一定的关系，北方的气候昼夜温差较大，利于植物的糖分积累……而南方气候炎热，人体由于大量出汗，很容易造成盐分丧失”。南宋临安城中除了有大量来自北方的甜食糖果外，还有一种南方少食而北方多食的食品——芥末，这也是北方饮食风俗南传的一个直观例子。

《梦粱录》中所载的一道菜“芥辣虾”，其“芥辣”就是芥菜籽研成末所调的酱，因其具有独特的辛辣味道而被作为调味品广泛使用，也是后世“芥末”一词的起源。

芥末在我国食用历史极久，《仪礼》卷九《公食大夫礼》中就有记载：“鮨南羊炙，以东羊胾、醢、豕炙；炙南醢，以西豕胾、芥酱、鱼脍。”这是芥末出现在中国餐桌上的首次文献记载，其用途是作为搭配鱼脍即生鱼片的酱料。至迟在汉代，芥末已经作为调味料为中原地区的贵族所食用。芥末与生鱼片这一对食物组合自出现后就在中国人的餐桌上长盛不衰。东汉马融在注《论语》的“不得其酱不食”一句时，说“鱼脍非芥酱不食”（《论语注疏》卷十），便是以生鱼片与芥末作为例子。五代孙光宪《北梦琐言》中还记载着一则有趣的故事：

> 又说有一少年，眼中常见一小镜子。医工赵卿诊之，与少年期，来晨以鱼脍奉候。少年及期赴之，延于阁子内……止施一瓯芥醋，更无他味……少年饥甚，且闻醋香，不免轻啜之，逡巡又啜之，觉胸中豁然，眼花不见，因竭瓯啜之。赵卿探知，方出，少年以啜醋惭谢，卿曰：“郎君先因吃鲙太多，非酱醋不快。又有鱼鳞在胸中，所以眼花。适来所备酱醋，只欲郎君因饥以啜之，果愈此疾。”（《北梦琐言》卷十）

少年因吃生鱼片过多，胸中有鱼鳞而导致眼花，而治疗办法就是在饥饿时让他啜饮与生鱼片相搭配的芥醋，饮之则愈。这则故事表明当时生鱼片与芥末的搭配依然流行。可见，在很长一段时间里，生鱼片搭配芥末作为一种巧妙的食物搭配，活跃在古人的食谱中。

上述材料也大致说明，自商周开始，黄河流域的人们就已经有食用芥末的习惯了。而最早记录芥末具体做法的书是北魏末年的《齐民要术》：

> 作芥子酱法：先曝芥子令干，湿则用不密也。净淘沙，研令极熟。多作者，可碓捣，下绢筛，然后水和，更研之也。令悉着盆。合着扫箒上少时，杀其苦气。多停则令无复辛味矣，不停则太辛苦。
>
> 《食经》作芥酱法：熟捣芥子，细筛，取屑，着瓯里，蟹眼汤洗之。澄去上清，后洗之。如此三过，而去其苦。微火上搅之，少熇。覆瓯瓦上，以灰围瓯边，一宿则成。以薄酢解，厚薄任意。（《齐民要术》卷八）

与后代文献相印证，大致可知芥末的做法为芥子研末，过开水焯去苦味，烘干后用淡醋调和，根据口味可另加细辛、酱油、蜂蜜等。

南宋以前，文献中鲜有记载长江流域江浙地区有食用芥末的习惯。江浙一带的人在烹调水产时，常常会用辛辣的调味料来去除食物的腥气，并中和水产的阴凉之性。然见于文献的调料，多为姜、椒、桂皮、蒜等物，并未有芥末。而目前所能见到的南宋以前江浙地区食用芥末的唯一记载，是白居易诗中所怀念的浙地生鱼片搭配芥末：

> 鱼鲙芥酱调，水葵盐豉絮。（《和三月三十日四十韵》，《白居易诗集》卷三十六）

北方食用芥末的方法与文献记载则远多于南方，《齐民要术》中就有“脸臘”一食，其便是使用芥末与姜蒜等调料共同烹制猪肠与猪血制成的肉羹。《东京梦华录》中也多次出现“芥辣瓜儿”一食。

到了南宋，受北方风俗影响，芥末的食用频率明显上升，见诸文献。就临安饮食而言，就有“芥辣虾”“芥辣蹄”“麻饮芥辣”等食品的记载。南宋前，芥末在南方鲜有人食用；南宋后，芥末逐渐风行，食用方法不断增多，明显是受两宋之际大量北人南迁的影响。北人自古食用芥末的饮食习惯随着移民传入南方，并逐渐与当地的饮食风俗相融合，产生了许多新的关于芥末的饮食。南宋以后，芥末继续在南方流传和被人们食用。

综上可知，南宋临安城内的饮食习惯受到北方饮食的影响，最核心的表现是麦面食品与羊肉的大量食用。此外，还有临安居民饮食口味上的嗜甜、食辛辣芥末等表现。

二、北方饮食风俗扎根的原因及群体分析

饮食风俗作为一种物质民俗，是人类创造、享用、传承的生活文化，带有民俗的本质特征——集体性。民俗文化的产生，离不开人类的群体活动，因此饮食风俗的产生或变化也离不开当时的人的活动。南宋临安城内北方饮食习俗的扎根，就是一种风俗的变迁，这涉及当时的社会、心理、文化等方方面面，并不能简单将其归因于北人南迁，其风俗变迁的结果背后隐含着一个不长但无法忽略的过程。本节试探寻不同身份的人群在北方饮食风俗扎根南方过程中的作用。

（一）皇家：以北食为纲

在北方饮食文化扎根南方的过程中，最先发挥作用的就是皇家。规矩是皇家宫廷饮食的根本，宋代尤其如此。“祖宗旧制，不得取食味于四方”（《邵氏闻见录》卷八），“饮食不贵异味，御厨止用羊肉，此皆祖宗家法，所以致太平者”（《续资治通鉴长编》卷四百八十）。保持北方饮食，不轻易变动，被提到治国之道的地位上。南宋仍然保持这一规矩，坚持北方饮食文化。这是保持北食的原因之一——应该吃。

坚持北方饮食的规矩并非单方面的约束，这也正好与皇家的饮食习惯、饮食心理相吻合。北方中原人好食饼食，好食羊肉，认为“羊大为美”。虽有稻食等南食，贵族阶级里却鲜有食用者。例如，在北宋皇帝的寿宴上，试看盘中所摆食物以及九盏制的下酒菜中，竟均是“油饼”“白肉胡饼”“太平毕罗”“炊羊胡饼”等北食，仅有的南方饮食也是“假元鱼”“假沙鱼”等仿制菜。（《东京梦华录》卷四）到了南宋，吃惯北食的皇家统治集团初到江南，面对稻食南食文化，自然会强烈怀念北方饮食，并设法购买，甚至造成了供

不应求，以至于高宗初年羊价、麦价高涨，即使是贵族都难以负担。这是保持北食的原因之二——喜欢吃。

与主观上的欲望相匹配的，是客观上的能力。南宋初期，面对数量如此庞大的北方移民，南方的物资供给无疑是跟不上的。杭州虽有漕运之便、重江之利，鱼米山货供应充足，但其长期水田稻作，两浙又山多地少，水田多草地少，其麦食与牧羊资源在南宋初期是十分有限的。但站在权力与财力顶端的皇家，无疑是南宋初期有限的北食资源的第一消费者。这是保持北食原因之三——可以吃。

前文所言这三个保持北食的原因，可以说都是皇家内部的主观因素。除此之外，还有一个因素——南宋抗金恢复的情怀。正如王夫之所言："宋自南渡以后，所争者和与战耳。"(《宋论》卷十三)恢复中原，一雪靖康之耻始终是南宋绕不过去的坎，虽然由于南北方的硬实力差距，朝廷内部多数人都对恢复中原的结果心知肚明，而高宗也实无恢复之志，只求偏安一隅。但终高宗一朝，朝野内主战一派的呼声从未停歇。因此，即使是故作姿态，高宗也得摆出一副意欲恢复中原的样子来。定都前将杭州称作"行在"，绍兴七年勉强"驾幸江宁，以图恢复"(《建炎以来系年要录》卷二十一)，都是这样的行为。而定都临安后，其饮食也成了一个虽小而不可忽略的方面。一朝之主若不食北食反贪乐南食，岂不是从侧面反映了安居一隅、不思故园的颓靡之心，又与刘禅的"此间乐，不思蜀"何异？在这种环境下，为了不被舆论指责，皇家也要刻意多食北食，以显露自己思念故乡的情怀。这是保持北食原因之四——刻意吃。

"应该吃""喜欢吃""可以吃""刻意吃"，这四个要素交织缠绕，共同构成了南宋皇家饮食的基本面貌——以北食为纲。这种饮食习惯也促使皇家成为北方饮食习俗扎根南方的先锋力量，其最主要的特点就是沿袭北宋，是最早一批北食的群体。或者说，皇家饮食的根本从未改变，一直是北食。

皇家饮食的另一作用是其对整个社会的潜在影响力。一方面，皇家的饮食习惯会对贵族百官们起到影响，另一方面，宫廷饮食虽然由于其天然的封闭性，御厨只服侍皇家，因而与外界隔绝，使宫内饮食喜好无法外流，但宋代独有的"宣唤"习俗，即派宫人去市场买食，却从另一层面促进了一个行业的发展——餐饮业。

(二)餐饮服务业：北食风俗的鲜明载体

餐饮服务业的发展与市场需求紧密联系在一起，其主要依托丰富的劳动力存在。临安在两宋之际，先后经历方腊起义军与金军血洗，城内人口数量急剧下降，“见临安府自累经兵火以后，户口所存，裁十二三”(《建炎以来系年要录》卷一百七十三)。据估计，当时临安城内可能仅剩六万余人。在这种近似于灾后重建的情况下，市场需求惨淡，劳动力匮乏，餐饮业的发展自然会受到极大影响。而南宋定都临安，大批北方移民的到来，无疑给临安餐饮业带来新的生机：既提供了餐饮业所需要的大量劳动力，又创造了庞大的市场需求——新的北食需求。

在这种需求的刺激下，临安餐饮业发展迅速。这些食店中，有相当大一部分是由南迁的北人所开设，他们或是原本在开封就从事相关行业，来到临安后除此身无长技，只得继续从事餐饮，或是看到餐饮业有利可图而加入，但无论如何，这些餐饮业从事者都是北食风俗在临安扎根的第一股民间力量，也是北食风俗在临安城内最为鲜明的载体。

北食餐饮业并不是独立发展的。餐饮业的从业门槛低，起步容易，而维持困难，在自身口味的基础上，还需要顾客口碑等外部因素的支持。前文提到的皇家“宣唤”，就是对北食餐饮业的一个强有力的支持。

宋高宗好市食，南渡后常宣唤买市，“和宁门外红杈子，早市买卖，市井最盛。盖禁中诸阁分等位，宫娥早晚令黄院子收买食品下饭于此。凡饮食珍味，时新下饭，奇细蔬菜，品件不缺。遇有宣唤收买，即时供进”(《梦粱录》卷八)。这种宣唤对于那些被选中的食店来说，自然是大为幸运的，宋五嫂的例子可以很好地说明这一点：

> 宋五嫂者，汴酒家妇，善作鱼羹，至是侨寓苏堤。光尧召见之，询旧凄然，令进鱼羹，人竞市之，遂成富媪。(明田汝成《西湖游览志余》卷三)

宋五嫂本是开封的一位普通酒家妇女，善做鱼羹，随着高宗一路南迁，寓居在杭州。因时为太上皇的高宗游湖时宣唤市食而受到召见，其招牌也因此一炮打响，时人竞相购买，宋五嫂遂成富媪。这虽然只是特例，并不是每个受到宣唤的食店都能门庭若市，迅速走红，但也能反映出皇家“宣唤”对于餐饮业的积极作用，如同一块“金字招牌”般，起到了极强的广告效用。

如果说宋五嫂的例子说明了皇家“宣唤”的积极作用，那另一则材料就说明了皇家“宣唤”对于北食餐饮业的积极“扶植”。

> 孝宗过德寿宫……命宣史浩至，赐坐……上皇宣索市食，如李婆婆杂菜羹、贺四烙面、臧三猪胰胡饼、戈家甜食数种。太上谓史浩曰：“此皆京师旧人。”各厚赐之。(《西湖游览志余》卷三，东方出版社2012年版)

孝宗与宰相史浩谒见高宗时，高宗宣索市食数家，有“李婆婆杂菜羹”“贺四烙面”“臧三猪胰胡饼”“戈家甜食”，均是曾经的开封人所开的食店，且带有浓厚的北食特点。不仅如此，高宗还厚厚赏赐了这几家食店。是有意扶植，担心其生意不好而关闭，还是恰巧怀念起了旧事，赏赐的具体原因已不得而知。但这种宣唤与赏赐，在客观上对于北食餐饮业的帮助是毋庸置疑的。

除了来自上层的皇家宣唤，对于北食餐饮业的另一大正向反馈，则来自下层的市民阶层。

(三)市民阶层：移民适应压力下的慰藉

南宋初期临安城内由北方移民而来的市民阶层，从根本上来说是存在移民适应压力的。这种压力来自社会、心理等诸多方面。社会方面的压力来自移民少数群体的身份认同落差。北方市民阶层在临安其实并不算是一个大群体。从大环境上说，南方地区的北方移民整体数量不多。虽然在两宋之际北方有大量人口南迁，但相比于南方整体人口来说，北方移民的数量仍然是远较原住民少的。而临安城内虽然北方人口较多，但除临安外，其周边地区仍是以南方人为主。

从临安城内的小环境来说，临安作为南宋都城，城中有着大量的流动人口，这些流动人口多来自南方诸路，对城内北方人来说是十分陌生的。而在城内的北方移民中，占相当大一部分比例的是前文提到的以官僚为主的上层社会人口。古代上下层阶级间的割裂相当严重，上层社会往往聚集在占据城市中心部分的官绅区，对于普通市民阶层来说是并无实感的群体。

军人及军属也是如此，他们虽然人数众多，但是均驻扎在城内外营房中，日常生活中的实际来往甚少。因此，临安城内看似北方人口占据多数，其实与他们实际交流的，却是以原本地居民与诸多流动人口为主，他们是一个看似多数实则少数的特殊群体。而这种落差，正是北人市民阶层的社会层面压力来源。

心理层面的压力则主要来自生活的变化程度。按照史梦薇与王炳江在《民族地区生态移民心理适应的特征及影响因素》〔《中南民族大学学报》（人文社会科学版）2020年第2期〕一文中所构建的模型来看，生活的变化程度对心理适应的影响最大。日常生活变化程度越高，移民原有的生活方式、社会关系网络、情感依托等方面遭到破坏的可能性就越大，越容易导致移民出现较大的“断裂感”。这种“断裂感”所造成的冲击会使移民心理感受、行为举止等方面失调。故而，移民体验到的生活变化程度越高，心理适应就越差。而以此视角来看，北人市民阶层遭受的“断裂感”无疑是十分强烈的。市民阶层不具有上层社会那样的权力与财力来自由维持自己喜好的、原有的生活方式，移民后一方面怀念旧有的习俗，一方面又不得不适应新的生活方式；社会关系网络也是如此，普通市民在移民的浪潮与战争的压力下保住小家已实属不易，绝无能力再去保证自己旧有的关系网络不被打乱。

在这种压力的作用下，寓居临安的大部分市民阶层会不自觉地怀念故乡，也只有通过怀念故乡才能获得作为个体生命的最初的认同感与归属感，并以此来疏解现实的压力。这种怀乡之情并不是完全自主的，它既包含着自己主观的思念，又在客观的压力下被动地寻求慰藉。正如市民阶层有限的社会地位与经济实力一般，他们的诉求与慰藉是有限的，他们的怀乡方式也是有限的。而在这有限的可供选择的方式中，来自故乡的食物，无疑是一种最直接也最方便的慰藉方式。

市民阶层对于北食的寄托，在客观上成了推动北食餐饮业发展的另一大助力。而北食餐饮业能提供给北方市民阶层的，也并不仅止于饮食上的慰藉。在宋代，餐饮业，包括酒肆、食店与茶肆等，都具有社交的功能，甚至可以认为，其社交功能已有超过原本功能之势。（盐卓悟《南宋江南的外食产业：从〈夷坚志〉看宋代的酒肆、茶肆与食店》，《中国饮食文化》2018年第1期）而这又恰好迎合了北方市民阶层的心理，其自北南迁，原有的社交网络被打乱，来到临安后又成为少数群体，与本地市民及流动人口间存在一定程度上的语言不通与交流困难，这些因素所造成的社交需求与北食餐饮业完美契合。因此，在北食餐饮店中，也较为可能出现北方市民阶层间的社交——作为另一种市民阶层疏导移民适应压力的手段。

综上，北方市民阶层聚集在酒肆、食店里，餐饮业为了更多的利益而提供北方饮食，市民也因故乡的食物而得到慰藉。市民阶层与北食餐饮业互利共生，市民阶层为北食餐饮业提供市场需求与饮食风俗扎根的基础性条件，而北食餐饮业又为市民阶层提供缓解移民适应压力的途径。

（四）贵族士林："自由"的饮食

贵族士林阶层处在皇家与市民阶层之间，总体而言，他们对于北方饮食的态度相比皇家与市民都更为自由。

先与历史上的移民贵族群体相比较。与西晋永嘉之乱后移民的贵族士林阶层相比，两宋之际的贵族移民并没有特别强烈的优越感，这由政治与经济因素共同决定。从政治角度来说，宋朝贵族不像晋朝门阀士族那样注重贵族血统，本身带有一定的平民性，也不具有多么高的权力地位，加上其士林与贵族内部本身也有不少数量的南方人，因此这些贵族移民来到南方后，并不如西晋南迁士族那般强调自己的优越性。

从经济角度来说，宋代南方地区的经济已经普遍超过了北方地区。（参见张家驹《两宋经济重心的南移》）这与永嘉之乱那时是截然不同的。两晋时期南方极其落后，身为中原先进文化的代表，北方士族侨迁至南方，自然是带有极强的优越感，而这种优越感到了两宋移民之际已荡然无存。

上文想要证明的是，两宋之际南迁的贵族士林阶层是"自由"的。这种"自由"是指饮食选择上的自由。他们没有皇家的"应该吃""刻意吃"等约束，也没有市民阶层由于压力所迫不自主地寻求慰藉。与历史上的"他们"相比，两宋移民贵族也没有因为所谓优越感而刻意坚持原有饮食的必要。换句话说，他们对北方饮食的态度，更像是一种主观的喜好与怀念，想吃就吃，不想吃就不吃。而他们的经济实力与权力地位也支持他们这么做，他们可以选择北食，当然也可以选择南食。

由于经济实力的雄厚以及生活条件的优裕，他们的购买力并不低，贵族们的消费是餐饮业的一大经济来源。他们的消费主要集中在高端酒楼，他们的需求也正是北方饮食风俗进入高端饮食业的根本原因。但对贵族士林来说，餐饮业并不是为了吃家中吃不到的美食，而更偏向于享受酒楼的服务；即使是为了社交，也不会如同市民阶层般“抱团取暖”，饮食在社交中的作用并不太重要。客观上来说，贵族士林阶层的饮食喜好补充了北方饮食风俗在高端餐饮业上的空白。但他们与其他阶层群体又没有太多联系，他们起到的作用，仅仅是自由地消费、自由地吃自己喜欢的食物罢了。

综上所述，临安城内北方饮食习俗的扎根，并不是一蹴而就的，不能简单地归因于北方民众南迁，而是在北方移民大迁徙的背景下，皇家、餐饮从业者、市民阶层及贵族士林等不同群体的共同作用下实现的。具体来说，是皇家与餐饮从业者首先分别在宫廷内与民间自发地沿袭北方饮食风俗，并且皇家通过“宣唤”购买市食的行为对北食餐饮业起到了正向反馈。而市民阶层在移民适应压力的作用下半被动地强化了与北方饮食的联系，这种联系也是通过北食餐饮业得以实现的。贵族士林阶层也凭借着其需求与购买力补充了北方饮食习俗在高端餐饮业上的空白。因此，北方餐饮业作为北方饮食习俗的载体，在南宋初年扎根临安，并在后世与南方本地饮食不断交流融合，以至于“南渡以来，几二百余年，则水土既惯，饮食混淆，无南北之分矣”（《梦粱录》卷六）。

三、结论

南宋初期，临安城内的饮食习俗有着浓厚的北方色彩，这在诸多方面都有所体现。饮食上最为突出的特征是麦面食品与羊肉的风行。此外，芥末作为一种独特的辛辣调味品，中原地区食用历史极长，而南方鲜有食用的记录。南宋临安城中芥末食品的逐渐风行，也当为北方饮食风俗南传的又一例证。

而临安城中的北方饮食习俗，根本上来说是由北方大基数人口的南迁带来的。但细考之下，可以发现是临安城内不同身份的移民群体在不同心理下共同作用的结果。皇家是以自身饮食喜好与经济、权力为基础，加上固有的以北方饮食为治国之纲的祖训与刻意营造的虽为偏安之君却意图恢复中原的表象，四种因素交相叠加构成宫廷内的北方饮食习俗起因。市民阶层是由于原本的饮食习惯受到移民适应压力的催化，在思乡中进一步强化了对于故乡饮食的联系。北方餐饮业从业者则率先在民间开张北方餐饮店，并在皇家“宣唤”购买市食与市民阶层聚集的正向反馈下逐渐壮大。贵族士林阶层也由于其雄厚的经济实力与饮食需求填补了高端餐饮业中的北方饮食习俗空白。由此，北方餐饮业作为北方饮食习俗的载体，在临安城内扎根，并与南方本地饮食不断交流、融合，最终成为临安饮食习俗的固有部分。

尽管两宋之间有较多的不同，但两宋之间的联系仍不可忽视。在政治、经济、文化等方面的联系，已经有比较成熟的研究。本文在社会生活的饮食方面，以临安的饮食习俗为对象，对两宋饮食之间的联系进行了个案研究。通过这一研究，我们可以更好地了解到南宋对北宋的饮食习俗传承，以及北宋饮食对南宋的影响。同时，这种联系并非只在权力集团中传承，普通民众、餐饮业及其从业者也是参与者与重要载体，他们通过沿袭故乡的饮食习俗，无意中实现了北方饮食文化的传递和交流。多群体的联动，在无意中共同传承了北宋的饮食文化。这是两宋之间联系、南宋继承北宋的一个重要表现。

同时，继承自北方的饮食文化，上到皇室，下到居民，都不只是吃什么的问题，而变为一种文化符号，具有多重内涵：坚持北方饮食，同样是南宋皇室显示自己不忘北宋的一个“幌子”；这一饮食文化的传承，也承载着南宋临安居民对于故国的怀念；北方饮食在南方的成功复现，也是当时发达的商品经济的反映。通过对南宋临安城中北方饮食扎根过程的研究，我们能更好地理解这一过程的政治、文化与社会意义，也得以证明，这一过程绝非偶然，而是多重因素作用的必然。

附录：北方饮食风俗依托餐饮业存在的一些依据

南宋临安北方饮食风俗前文已有介绍，若论其最大特征，当为麦面食与羊肉的大量食用。而之所以说北方饮食风俗主要依托餐饮业存在，这是基于麦食上的考虑。首先是农业上的粮食基础。南宋时期，虽然小麦已经在南方扩大种植，但总体而言仍然是比较少的。李文涛先生对此有着详细论述（《制度抑或现象：南宋时期的稻麦复种制——兼与李根蟠先生商榷》，《南都学坛》2008年第3期），兹以为其结论是很精到的。应该说，南宋时期小麦确实在南方推广，各地都有小麦种植。但除了孝宗时期等少数时期外，稻麦复种并未在南方地区真正广泛地推广，因为稻麦复种并不能很有效地提高总产量，还会大量消耗土地的肥力。官吏劝种麦也多是出于作为新旧谷之间青黄不接的补充。因此，多数情况下，小麦只是在城市周边等肥力充足的地区有所种植，南方地区还是以种植水稻为主。

其次，这也直观地反映在临安的粮食需求上。有史料记载：

> 杭州人烟稠密，城内外不下数十万户，百十万口。每日街市食米，除府第、官舍、宅舍、富室，及诸司有该俸人外，细民所食，每日城内外不下一二千余石，皆需之铺家。然本州所赖苏、湖、常、秀、淮、广等处客米到来，湖州市米市桥、黑桥，俱是米行，接客出粜。……杭城常愿米船纷纷而来，早夜不绝可也。（《梦粱录》卷十六）
>
> 余向在京幕，闻吏魁云："杭城除有米之家，仰籴而食凡十六七万人，人以二升计之，非三四千石不可以支一日之用。而南北外二厢不与焉，客旅之往来又不与焉。"（《癸辛杂识》续集上）

另有谚语：

> 东门菜，西门水，南门柴，北门米。二老堂杂志：……苏湖米则来自北关，故谚云。（清厉鹗《宋诗纪事》）

宋朝"米"字含义已然分化，一般情况下均指稻米。因而，临安有米市而无麦市，有运米船而无运麦船，粮食消费用食米而不用食麦形容等现象，都可以反映出临安麦食规模并不是很大，不需要像米这般立市集中售卖，也不需要长期或大量地从各地运输粮食。这与临安农业上的粮食作物种植情况是完全吻合的。因此，可以推断出，南宋除了孝宗时期等少数时段外，江南地区的小麦种植规模并不足以支撑临安城内居民以麦食为主的粮食消费，绝大多数居民的主食还是稻米。但与此同时，临安城内贩卖北食的餐饮业又十分兴盛，故可以得出结论：临安地区的麦面食品主要是依托餐饮业存在的，普通市民的日常主食还是稻米。

而北方饮食习俗的另一大特征——羊肉，其牧羊业基础在南宋时期确实在南方有着极大增长。虽然官营牧羊业较北宋不及，但不论是总量还是民间牧羊业，都较北宋时期有所提升。（参见《张显迹宋代畜牧业研究》，河南大学2007年博士论文）而这些羊肉被运往临安，通过肉铺等专门批发点流向宫廷、上层社会家中及餐饮业等地。因此综合来看，南宋时期的北方饮食习俗可以说是主要依托餐饮业存在的。

（作者单位：山东大学尼山学堂）

乡试是明代科举考试的起点，也是官学生进入仕途的关键。

明代南雍监生登进考

李琪琪

永乐年间迁都北京后，明代国子监南北并立。对于两监监生来说，进入国家政治系统的途径大致相同，除了部分优异者直接以监生身份任官，大多都要通过科举入仕。正统以后，科举逐渐成为明代官员选拔体系中的“正途”，监生任官制度逐渐废弛，科举成了国子监生最主要的出路。南京国子监在监生登进方面呈现的许多特点，在一定程度上反映了南京国子监职能的变化，探究国子监生的登进问题是研究明代南京国子监地位的一个重要视角。本文从科举中最低一级的乡试出发，通过对南监生乡试环境、实际取额等问题的讨论，研究南监生在乡试中的登进情况，同时探究明代南京国子监职能的转变。

一、取用无望——国子监生走向科举的必然性

明初官员多缺，然科举初兴，洪武六年（1373）又曾暂罢科试，直到洪武十七年（1384），命礼部颁行科举成式，三年一行，才形成固定化的科举。在科举无法迅速补充官僚队伍的前提下，大量监生直接获得取用。《明史》载明初：“以北方丧乱之余，人鲜知学，遣国子生林伯云等三百六十六人分教各郡，后乃推及他省，择其壮岁能文者为教谕等官。太祖虽间行科举，而监生与荐举人才参用者居多，故其时布列中外者，太学生最盛。”（《明史》

卷六十九《选举一》）明初的国子监生不仅登进者众多，且多被任命为教职教官、监察官员和地方官。如“（洪武八年）六月丁酉，以李扩等为监察御史”（黄佐《南雍志》卷一《事纪》），又如洪武十三年（1380）十月，“吏部引选国子监生二十四人，命为府州县官”（《明太祖实录》卷一三四）。自永乐至仁宗、宣宗年间，国子监生直接任官机会还是很多，《南雍志》载永乐元年（1403），“擢监生孔复、杨钝、张文明、李时秀、蒋彦禄、欧彦贵、何器、刘先为监察御史”（黄佐《南雍志》卷二《事纪》）。宣宗年间，亦“以教官多缺，选用监生三百八十人，而程富等以都御史顾佐之荐，使于各道历政三月，选择任之，所谓试御史也”（《明史》卷六十九《选举一》）。根据吴宣德的统计，自洪武五年至成化年间，监生直接被任官的有1038人，而正统以后，监生就没有直接被授予给事中、监察御史以及地方长官的了，而后直到嘉靖八年（1529），以举人监生孙禽为给事中，举人监生阮薇、岁贡监生张澍为监察御史，但基本上已经难复国初盛况了（吴宣德《中国教育制度通史・明代卷》）。

而明中期为了缓解财政压力频频允许捐纳入监，不仅导致监生数量急剧增加，更影响了监生正常的登进之途。成化二十二年（1486），“若循次拨历，满日入选，则纳粟者比之科贡数多，诚有不均矣，宜分为两行，斟量相兼拨历，俟纳粟监生拨历已尽，则科贡之士可以复旧循次出身”（黄佐《南雍志》卷四《事纪》）。除了援例盛行，恩贡、选贡生也大量进入国子监，监生数量进一步上升。随着官僚队伍缺口逐渐变小，日渐不受重视的监生任官模式已经无法为日益增加的监生提供出路，国子监生取用无望，遂致壅滞，更多的国子监生只能通过科举入仕。除了国子监生的壅滞所带来的冲击，自明初以降，“进士日益重，监生日益轻”，通过拨历登进的国子监生，无论是数量方面还是官职、地位方面，都逐渐无法与科举相比，科举地位的提高也促使更多的国子监生不得不通过科举寻找出路。《南雍志》载：“逮成化至正德，惟进士乃得授科道、部属诸京职，故科举益重焉。虽贡入者必事决科，已附选后，犹卧引以期取中……嘉靖中，始令科贡与进士于京职兼用，然贡入之途终不如科举之盛也。”《南雍志》卷十五《储养考》和《续文献通考》亦载：“国初太学生皆贡自郡邑，选乡学之秀彦者充之，其后乃有各省乡试举人。时进士之科未盛，内而台谏，外而藩臬，率以授诸太学生之成材者。自制科既重，太学生成材者与天下贤士尽入搜罗，于是内外要重之司皆归进士。而举贡所称监生者，则有遗贤。诠入高等，不过授以省府幕僚，郡佐州正，而台谏藩臬则必待其历官有誉而后得之，然亦千百而什一耳。”（王圻《续文献通考》卷五十五《学校考》）对于明代国子监乃至整个官学体系学生来说，走向科举是必然的选择。

二、南雍监生的乡试前景

乡试是明代科举考试的起点，也是官学生进入仕途的关键。自洪武二十八年，令“己亥设科取士，自是国子生得就京闱乡试”（黄佐《南雍志》卷一《事纪》）。国子监生在乡试中就拥有了“在京应试”的特权，这就给了在京学习、历事的监生直接参与两京乡试的机会。《孝宗实录》：“两京应试生儒人等，旧例止许二千三百有余，司小试者拘此，一县或所取多不过七八人，少不过一二人。”相对于地方应试，在京应试虽然也要参与预选考试，但是在获取应试资格方面难度较小。而在籍监生可在原籍参加本省乡试，但也必须参加提学主持的考试，除了历事监生，依亲、给假在家者亦有地方应试的权利。是以南、北国子监的考生在参加乡试时，除了由于依亲、给假和在外历事等特殊情况下于地方应试，大多都要在两直应试。笔者根据现存的乡试录、同年录和其他相关文献，重新对南北直隶的乡试解额问题进行了考证，对于应天府及顺天府中式监生问题，学界关注较少，又对明代各科乡试中可考的实际取额及南、北直隶乡试中中式的国子监生进行了考证和统计。

表1　南直隶、北直隶解额及监生取额统计表

<table>
<tr><th>时间</th><th>南直隶解额</th><th>南直隶实取</th><th>监生</th><th>北直隶解额</th><th>北直隶实取</th><th>监生</th></tr>
<tr><td>洪武三年</td><td rowspan="3">不拘额数</td><td>72</td><td></td><td rowspan="3">不拘额数</td><td></td><td></td></tr>
<tr><td>洪武四年</td><td></td><td></td><td></td><td></td></tr>
<tr><td>洪武五年</td><td></td><td></td><td></td><td></td></tr>
</table>

续表

时间	南直隶解额	南直隶实取	监生	北直隶解额	北直隶实取	监生
洪武八年	不拘额数			不拘额数		
洪武十一年						
洪武十四年						
洪武十七年		229				
洪武二十年		98			27	
洪武二十三年		50			26	
洪武二十六年		88			23	
洪武二十九年		300			41	
建文元年		214	58		18	
建文四年					9	
永乐元年		128			17	
永乐三年		149				
永乐六年		80			98	
永乐九年		300			104	
永乐十二年		200			94	
永乐十五年		100			106	
永乐十八年		100			81	
永乐二十一年		100			98	
洪熙元年	80	80		50	50	
宣德元年	80	80		50	50	
宣德四年	80	80		50	50	
宣德七年	80	80		80	80	
宣德十年	80	80		80	80	
正统三年	不拘	80		不拘	47	

续表

时间	南直隶解额	南直隶实取	监生	北直隶解额	北直隶实取	监生
正统六年	100	100		100	100	
正统九年	100	100		100	100	
正统十二年	100	100		100	100	
景泰元年	不拘额数	199	24	不拘额数	225	
景泰四年		205	18		250	
景泰七年	135	135	30	135	135	
天顺三年	135	135	9	135	135	
天顺六年	135	135	4	135	135	
成化元年	135	135				
成化四年	135	135	25	135	135	
成化七年	135	135	10	135	135	
成化十年	135	135	19	135	135	30
成化十三年	135	135	20	135	135	24
成化十六年	135	135	18	135	135	19
成化十九年	135	135				
成化二十二年	135	135		135	135	
弘治二年	135	135		135		
弘治五年	135	135	8	135	135	24
弘治八年	135	135		135	135	
弘治十一年	135	135	18	135	135	8
弘治十四年	135	135	12	135	135	12
弘治十七年	135	135		135	135	17
正德二年	135	135	5	135	135	6
正德五年	135	135	15	135	135	19

续表

时间	南直隶解额	南直隶实取	监生	北直隶解额	北直隶实取	监生
正德八年	135	135	8	135	135	10
正德十一年	135	135	12	135	135	22
正德十四年	135	135	5	135	135	
嘉靖元年	135	135	21	135	135	
嘉靖四年	135	135	11	135	135	17
嘉靖七年	135	135	11	135	135	36
嘉靖十年	135	135	4	135	135	20
嘉靖十三年	135	135	32	135	135	17
嘉靖十六年	135	135	35	135	135	
嘉靖十九年	135	135	36	135	135	17
嘉靖二十二年	135	135	29	135	135	29
嘉靖二十五年	135	135	27	135	135	23
嘉靖二十八年	135	135	15	135	135	21
嘉靖三十一年	135	135	18	135	135	33
嘉靖三十四年	135	135	21	135	135	31
嘉靖三十七年	135	135	30	135	135	21
嘉靖四十年	135	135	27	135	135	
嘉靖四十三年	135	135	25	135	135	
隆庆元年	135	135	8	135	135	31
隆庆四年	150	150	50	150	150	50
万历元年	135	135	30	135	135	35
万历四年	135	135	20	135	135	35
万历七年	135	135	29	135	135	35
万历十年	135	135	28	135	135	34

续表

时间	南直隶解额	南直隶实取	监生	北直隶解额	北直隶实取	监生
万历十三年	135	135	28	135	135	
万历十六年	135	135	28	135	135	
万历十九年	135	135	28	135	135	
万历二十二年	135	135	30	155	155	
万历二十五年	145	145	42	150	150	
万历二十八年	145	145	38	150	150	
万历三十一年	135	135	28	135	135	
万历三十四年	135	135	28	135	135	
万历三十七年	135	135	27	140	140	
万历四十年	135	135	28	140	140	
万历四十三年	148	148	31	150	150	
万历四十六年	148	148	31	150	150	
天启元年	148	148	37	150	150	
天启四年	148	148	27	150	150	
天启七年	148	148	31	150	150	
崇祯三年	148	148	31	150	150	
崇祯六年	148	148	31	150	150	
崇祯九年	148	148	29	155	155	
崇祯十二年	148	148	28	155	155	
崇祯十五年	163	163	39	145	145	

注：表中数据来源主要为林尧俞撰：《礼部志稿》，卷七十一，清文渊阁四库全书本；《南雍志》；黄儒炳撰：《续南雍志》，台北伟文图书出版社有限公司1976年版；申时行、赵用贤等纂修：《大明会典》，卷七十七《礼部》，明万历十五年内府刻本；《明实录》，台湾"中央研究院"历史语言研究所，1968年版；雷礼辑：《皇明大政纪》，卷十二，明万历三十年博古堂刻本；明彭泽、汪舜民纂修：《弘治徽州府志》，明弘治刻本；谢旻等修：《江西通志》，清文渊阁四库全书本；丘浚：《重编琼台会稿》，清文渊阁四库全书本；谈迁撰：《枣林杂俎》，《圣集·科牍》，清抄本；顾起元：《客座赘

语》，明万历四十六年自刻本；方孝孺：《逊志斋集》，卷十二，四部丛刊本；《稀见明清科举文献十五种》所收《建文元年京闱小录》（陈维昭编校：《稀见明清科举文献十五种》，复旦大学出版社2019年版）；《明代登科录汇编》（屈万里主编：《明代登科录汇编》，台湾学生书局1969年版）所收明代乡试录几十种；《天一阁藏明代科举录选刊·乡试录》（龚延明主编：《天一阁藏明代科举录选刊·乡试录》，宁波出版社2016年版）。余者限于篇幅暂略。对南北直隶乡试解额的统计，参考了钱茂伟《国家、科举与社会——以明代为中心的考察》（北京图书馆出版社2004年版），吴宣德《中国教育制度通史·明代卷》（山东教育出版社2000年版）以及郭培贵的论文《明代各省乡直录取定额变化考述》，中国明史学会、北京十三陵特区办事处编《明长陵营建600周年学术研讨会论文集》（社会科学文献出版社2010年版）等著述中对南北直隶乡试解额的统计。

南、北直隶乡试中的实际取额情况，可以分为以下几个不同的阶段：

第一阶段是洪武至景泰年间，这一阶段乡试录取额数并不稳定。在洪武、永乐年间部分年次的乡试中，虽然已经规定解额，但是由于国初百废待兴，需要大量人才补充官僚队伍，为广进人才，多次允许乡试不拘额数，随才任取。如洪武三年（1370）、洪武十七年（1384）、洪熙元年（1425）等场，都不限定录取额数，故这一时期所取举人数量并不稳定，与定额多有参差。至仁宗洪熙元年，南、北直隶乡试解额才呈现定额化趋势，《宣宗实录》载洪熙元年定科举取士额度的时候，定：“凡乡试取士，南京国子监及南直隶共八十人，北京国子监及北直隶共五十人。”（《宣宗实录》卷九）而后正统、景泰年间由于瓦剌兵祸，官僚系统的完善性又一次遭到破坏，故正统、景泰年间数科再次不拘额，以广取士，如景泰元年、景泰四年于南北直隶各取举人二百余名，远超正统六年所规定的南北各百名之数。

在这一时期，另外一个显著的特点是顺天府在乡试中的地位远无法与应天府相较。洪武年间，应天府以京畿所在，取额独重。永乐都城北迁，虽然政治中心北移，但是顺天府也并没有立刻在乡闱中取得高于南畿的地位。至仁宗朝，由于仍存南迁之议，北京的政治中心地位并不稳定，所以没有获得与南直隶同等的解额。宣宗朝南迁议寝，但是观洪熙元年定额：“凡乡试取士，南京国子监及南直隶共八十人，北京国子监及北直隶共五十人。”而此时的其他地区，“江西布政司五十人，浙江、福建各四十五人，湖广、广东各四十人，河南、四川各三十五人，陕西、山西、山东各三十人，广西二十人，云南、交阯各十人”（谈迁《国榷》卷十九）。此时的北直隶取额仅为50人，不仅无法与南直隶相比，甚至与江西布政司无异，较之福建、浙江、湖广、广东等地也没有呈现出绝对优势。直到宣德七年，顺天府奏："本府乡试额取举人五十人，乃与江西解额同。切缘京师监学，天下人才所聚，各处儒士亦有就试者，乞如南京应天府额取举人八十人，庶广进贤之路。"(《明宣宗实录》卷八十七)在乡试解额方面，顺天府才获得与南畿相同的地位。至正统元年，南、北直均变为百人，北直隶才基本上与其他地区拉开距离，与南直隶并驾齐驱。从整体来看，这一时期中的南直隶在人才登进方面拥有相对优势。

第二个阶段自景泰七年(1456)始，至嘉靖末年。在这100多年间共30余科乡试中，两京在乡试取额方面保持了高度的一致。景泰七年将顺天府和应天府乡试解额定为135名，这一数额基本上是稳定的，通过对现存乡试录的搜检，在这一阶段所有可查的南、北直隶乡试中，实际取额都与定额完全吻合，不存在特殊现象，这使得无论是实际取额还是定额方面，应天府与顺天府都趋于平衡。

第三个阶段是隆庆元年至明亡。这一阶段两京乡试解额大致还保持平衡状态，但是由于南北监在"皿字号卷"(南、北直隶乡试中，在卷上做特殊标记，以区分国子监生和其他举子，为国子监生提供录取专额的制度)额度方面的争取和针对录取率下降进行小范围调整，万历中后期出现了一些变动。而这一阶段两京乡试解额的变化大多与两监有关。

第一种变动是围绕"皿字号卷"额度方面的调整，主要围绕由于恩贡、选贡等特殊情况导致的参考人数增加问题，如万历二十五年取应天府145人、顺天府150人，又如万历四十三年定应天府148人、顺天府150人，但是在几次调整中，顺天府基本上处于优势地位。

第二种变动是针对录取率问题的调整。两直乡试至万历年间，竞争的激烈程度已经远超国初，尽管两直自景泰七年后乡试取额已经达到135人，但是从录取率来看，取额的增加与参考人数的增加实际上是不同步的。虽然两直乡试录取率整体都呈现下滑趋势，但是永乐十五年(1417)之后，除了个别情况，应天府乡试录取率几乎都在6%以下，顺天府的竞争则远没有如此激烈。由于北方各地整体教育水平远低于南方，且南方士人大多安于地方考试，京畿参考人数比之南直隶相对较低，录取率基本上长期高于应天府。尽管嘉靖七年(1528)后，顺天府乡试录取率基本上也已经在4%以下，但是嘉靖、隆庆、万历时期应天府乡试的录取率逐渐下降到不足3%，形势已经非常严峻，应天府愈加激烈的竞争环境加剧了南监生登进的难度。

尽管这一问题在嘉靖年间就已经凸显，但是一直没有得到调整，万历年间，南畿官员一直处在解额之争中。《续南雍志》载万历四十年应天府尹汪道亨奏请：

是有见于南国幅员之广也。夫幅员广则生材必多，而今取士之数不加于北，皆以百名为额，非所以为平也。……今则监生入试者已如景泰通场之数，而生员至逾五千矣，为所在选贡俱充国学，两京乡试各中一百五十人，嗣是万历二十五年，两京各中一百四十五人，虽多寡不齐，要皆酌成均贡士之数而量增之……以臣之愚，宜总增额数二十名，分三十五名为监生，其余属之郡邑之士，盖京师首善，当非藩服之比。乃今各省解额视洪武初年不啻倍之，而应天独否，岂各省人材均倍国初，而南中士子终可以定额限之乎？臣故以为增解额便。

此时的应天府尹基本上已经意识到了录取率的问题，135名旧额为景泰七年所实行，其后一直沿用，但是景泰七年解额是根据景泰四年的情况规定的，景泰四年："是科太学及畿内之士就试者千九百余人，拔其尤得叶琦等二百五人。"（张朝瑞《南国贤书》）此时的录取率在10.8%左右，而到万历年间录取率基本上都在3%以下，如汪道亨所说，此时入场的监生数量已经可以与当时入考京闱全部举子数相比，原来的解额自然已经不适用。

祭酒蒋孟育也上疏请求："谓东南号文学渊薮，南雍隽造应试者至千八百余人，度其誉髦非逊于北，而今北雍中式者定数三十五人，南监则自丁酉、庚子或二十八人，或三十人，何差数之甚！"（黄儒炳《续南雍志》）这次请求得获同意，"两直除常额外，南直生员加中七名，监生三名，北直生员加中六名，监生四名"。但南中士人多以为不足，群起议论，奔走陈情。御史熊廷弼亦认为不足，上奏：

近闻允题加额，所议南国仅加七人。窃计海内幅员之广，青衿之众，南宫中式之多，固无有逾南直者。……司计者既为则壤成赋，必欲轻北而重南，则用人者亦当因此抡材，似难抑南而从北。今议加直七人，而诸大省亦加五人，南直视大省仅赢其二，非国初独多六十之制矣。臣按今日时事，宜视正统六年、天顺加额事例，加二十名，一如诸臣之请。其监生乞依北监以三十五名为定额，亦宜从之，以塞争端。

《神宗实录》载："增额名数俱如议。应天准另加三名，浙江另加二名，余依议。"最终将应天府解额由135名提升到148名，其中3名属南监生，顺天府解额由135名增至150名，其中4名属北监。这基本上是明中后期少见的针对应天府录取率的调整。

总体来说，就应天府与顺天府乡试解额来看，顺天府于永乐年间成为京畿所在后，在乡试解额方面逐渐获得了与南直隶同等的地位。而随着政治地位的提高和相关政策的影响，万历中期以后，应天府在乡试解额方面基本上被应天府反超，结合宋元以来文化教育方面南盛于北的局面，此时应天府科场竞争激烈程度远胜于北，南监生的乡试环境并不乐观，同时，明代中后期围绕"皿字号卷"定额的调整直接影响到了监生的取额。

三、南监生乡试取额的变化

除《建文元年京闱小录》所载建文元年应天府乡试取南监生58名，景泰前乡试中南监生的登进数量基本不可考。而景泰后两京国子监生在乡试中的登进受到"皿字号卷"制度的影响。关于"皿字号卷"制度的设立时间，学界讨论较多，并没有形成统一意见。《宣宗实录》载洪熙元年定科举取士额度："凡乡试取士，南京国子监及南直隶共八十人，北京国子监及北直隶共五十人。"（林尧俞《礼部志稿》卷三）可见此时虽然没有将监生与南北直隶其他考生区别开，实际上在解额规定时考虑到了南北直隶乡试由普通考生和监生共同参考的情况。而到了宣德七年，顺天府奏："本府乡试额取举人五十人，乃与江西解额同。切缘京师监学，天下人才所聚，各处儒士亦有就试者，乞如南京应天府额取举人八十人，庶广进贤之路。"（《明宣宗实录》卷八十七）该年顺天府乡试取额80名，此时顺天府乡试增额就有国子监生在京应试这一考量。《续南雍志》中记载万历间礼科给事中苗朝阳言：“国初首建太学，慎选郡邑廪饩之士，贡之国而作养之，以备异日之用，原未有民生入监之例，故京门解额之增，为贡士设，非为援例设也。”这也是国初顺天府增额源自太学的佐证。可以肯定的是，国初制定乡试取额时已经考虑到了监生在京应试的情况，但是并不能确定是否具体地使用了标记区分这一做法。《皇明大政记》记载始于景泰七年（1456），“至是，裁定两京各一百三十五名，内三十名取监生，五名取杂行”。从此条记载看，景泰七年将两京解额提升到135名，其中有30余名是为监生及杂行设置，前人多认为“皿字号卷”开始于景泰七年，结合实际取额（见表1）和万历年间争额时多提及“三十五名旧额”，这一说法较为可信。实际上，尽管对南监中式监生有一定的调控作用，“皿字号卷”制度的规定额数只是理想化的状态，实际中式的国子监生与“皿字号卷”制度的规定并不完全相同。

从国子监实际取额的变化来看（图1），景泰七年所定取监生30名，杂行5名，当年所取监生确为30名，但是自景泰七年后的各科乡试取监生人数较少，南直隶现可查的乡试录取监生数为天顺三年取9名、天顺六年录取4名、成化四年录取25名、成化七年取10名、成化十年取19名……与“内三十名取监生”并不吻合，顺天府景泰七年后相关文献缺失较多，但是从成化十三年后来看，也没有达到30名之数，此时的定额仅仅在规定层面，并没有形成稳定的定额录取制度。

将两监在乡试中的实际取额对比，基本上在嘉靖十三年之前，南京国子监是远低于北监的，嘉靖十三年至隆庆元年，两监取额都大为提高，其中南京国子监录取人数骤然增加，与前一年仅录4人相比，当年录取南监生32人，后来南直隶所取南监生才逐渐稳定在20名至35名左右，但是也只是与北监生不相上下。

受到隆庆元年废除“皿字号卷”事件的影响，万历年间南监生乡试取额曾有多次变动。隆庆元年（1567），从耿定向废除“皿字号”之议，将两京应试监生与一般监生一样按高下录取，然当年南京国子监中式者仅8人，南监生因此喧哗抗议，次年恢复如旧，又应南雍祭酒孙铤增广额度之请，“两京国子监

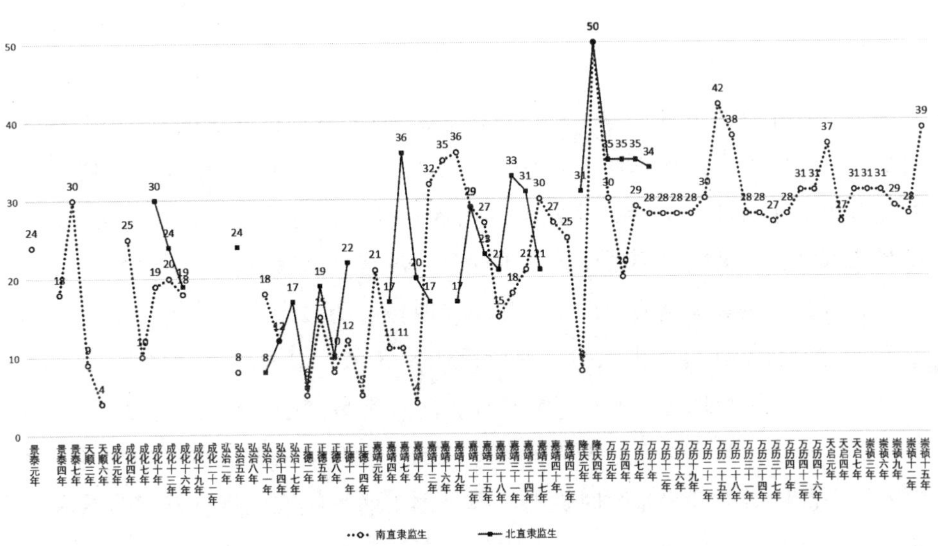

图1　应天府、顺天府中式监生数

注：制图数据来自表1，由于景泰之前文献缺失较多，考虑到前文论述中“皿字号卷”产生时间可能为景泰七年，本文在此处只对景泰元年至明亡的取额变化进行统计。

恩贡生员数多，暂增额各十五名，不为例”（林尧俞《礼部志稿》卷二十三），暂时性地增加了隆庆四年的两京解额，当年南北直隶皆录监生50名，此后，除个别情况，至万历四十年，南监取额稳定在28名左右，至万历四十三年，略增至31名。而在这次事件中基本没有出场的北监，在这之后则基本实现了稳定取监生35名，其后虽然多次增额，南监在取额方面基本上是低于北监的。

隆庆四年后在“皿字号卷”额度方面的调整主要围绕由于恩贡、选贡等特殊情况导致的参考人数增加问题。如万历二十二年因为选贡生来不及南送，全部参考顺天府乡试，导致该年顺天府应考人数骤增，故北直隶当年“增额二十名”。万历二十四年，南京国子监祭酒冯梦祯援引此例：

> 北虽蒙加额之恩而选贡病矣。其年科举后，北监选贡纷纷改南者，不下七百余人。今南监所收选贡，以未拨历方来者通计之，明岁由应天科举大约千数之外，是选贡者昔聚于北，今聚于南矣。（《续南雍志》）

以南监选贡生增加为理由，要求照万历二十二年例增加应天府解额，这次提议得到了批准，《明神宗实录》载："礼部因南京祭酒冯梦祯加额之疏，请量加五名，酌分北监十五名，南监十名，专待选贡之士，著为例。从之。"而后万历二十八年又因岁贡过多，应士子保持增额之请。这几次固然是由于南京国子监官生的请求，但本质上还是为了缓解选贡、岁贡带来的应试人数压力，但是万历二十五年、万历二十八年的增加只是专待选贡之士，在万历三十一年罢选贡之后，又恢复到了原来的情况，并没有长期保持。

而后钱桓在请求增万历四十三年增额时援万历二十八年旧例，建言："又查万历二十八年开科增十人矣，时则因士子之乞，以岁例之特多也。"(《续南雍志》)万历四十三年两直于常额外，南直生员加中7名，监生3名，北直生员加中6名，监生4名。天启元年(1621)暂增两京各五名，皿字号各15名。但是这种增加都只是暂时性的，只是因为前一年或几年有较多的恩贡生、选贡生或援例生才酌情增加，大多因事而变，毫无稳定性。

南雍监生取额长期不及北监，其原因与迁都后两监地位的变化有密切联系。万历十六年春三月应天巡抚余立奏：

> 祖宗建立南北太学，所以罗天下之才而储养之，礼乐之地，其体至隆，故其规条亦至备，二百余年以来，南北并重，无少差焉。然今日胄监在京师者数为皇上之所临幸，四方之所观瞻，故其申饬特为周详，而南都僻在耳目之外，遂有一二废格及法制不能画一者。(《续南雍志》)

南雍由于僻在一方，规制与法度难免废弛，师生利益也难以得到保障，名为"两京皆所以重首善之地"，两监地位实则各有升降。

在生源方面，选贡生作为明中期以后质量较高的监生来源，在输送中一定程度向北监倾斜，万历二十二年春正月辛卯，南京礼部仪制司郎中张鼎思在奏疏中提及这种倾斜：

> 祖宗立监分峙两都，所以罗南北之英，广作人之地，二百余年未有轩轾……今府州之选已略分送，而各县之选则以院试距乡试期迫，南来

不便，尽归北监，体恤士子之情虽厚，而以二监规摹观之，一则济济维新，一则落落如故，是北雍之人才当富，而南雍可虚也。(《续南雍志》)

选贡生向北监的倾斜一方面导致监生水平出现严重的不平衡，南监难以获得优秀生源作为补充；另一方面，万历之后多次对于取额的调整大多以选贡、恩贡生员增加为由，选贡、恩贡生去南监者较少，南监自然没有争取增额的理由。

同时，南监在科场中地位的下降促使更多南方籍监生趋向于应顺天府乡试。明中期以后，乡试解额逐渐向北直隶倾斜，且南方文化教育水平高于北方，应天府科场竞争尤为激烈。为了避开应天府乡试的竞争，大量的南人以北京国子监生身份参与北直隶乡试。至隆庆、万历时期，这种情况就非常普遍了，顺天府乡试中录取的监生中，浙江、福建和南直隶三省的总数占到十之六七，远超出其他地区，成为中式监生的主体。万历二十五年，“查今科监生之登顺天乡试者，南直隶浙江两处几四十名，而北直隶山东、河南等一十三处不及其四分之一……而偏重之势亦甚相悬矣”(《续南雍志》)。科举惟文取士，南人学问出众，故容易在科举中取得前列。

在南北监最初分置时，原规定以南人归南监、北人归北监。但在实际执行中，部分南方岁贡监生出于各种原因被送往北监读书，比较早的是永乐十九年，即迁都北京后不久，礼部言：“国子监生岁益增，又会试下第举人例送监，今学舍隘不能容。请以监生南人者送南京国子监。”(《明太宗实录》卷二三八)《大明会典》载正统三年令“岁贡生南人愿入北监者听”，正统十四年进而令“南直隶岁贡生俱送北监”。据《南雍志》记载，景泰元年(1450)，南监监生因拨历机会太少，合词请愿，请求往北。到了万历年间，出现了大量选贡生依科场竞争形势而趋向于北的情况。除了南方地方官学生由于各种原因进入北监读书，为了监生依亲、历事等事项，亦常有南监生改北及北监生改南之事，除此之外，在南北监监生数量不平衡的情况下，会在两监内部进行调换，弘治七年，如因为南监坐监人少，拨取北监南人改送南监。除此之外，由于南闱日渐衰落，南闱下第者常有发愤改北，借此应顺天府乡试。可见南士以国子监生身份在顺天府应乡试这一情况并不稀见。

南士于北应试一定程度上侵占了顺天府监生与普通生员的利益，对于南人于应天府应考，北人亦颇有微词。沈德符《万历野获编》：“顺天乡试，大抵取南士为解元，盖以胄监多才，北人不敌，间取一二北士，多不惬众论。”万历四十三年，给事中刘文炳为乡人不平，请取北人为解元，谓：“燕赵乃至尊丰镐，不当使他方人得之。”神宗允其所请，从此永为定制。除了对解元位置的争夺，万历十六年（1588），礼科都给事中苗朝阳奏请两京乡试取中“皿”字号卷仿照会试办法分南北卷，以达到“兼收人才”之效，理由是：“两京乡试例有监生三十五名，历考累科中式者，南人十之九，北人十之一，盖风流人文，原自不同，臣等以为宜照会试例分别南北，量名数以取中，不使北方质直之士，至于摈落，而南方为偏胜。”（《续南雍志》）但礼部以“但既分南北，必有中卷，分析太多，恐属繁琐。且岁贡入监者少，而北方纳粟人等多有意于科名，万一填榜之时，不能取盈额数，反为难处，不如仍旧为便”（《续南雍志》），拒绝了乡试中分南北卷之请。而万历二十五年（1597），傅好礼则直接对南人应试于北直隶提出了反对：“产于南者，宜入南监，而应试于南；产于北者，宜入北监，而应试于北。”（《续南雍志》）其请求将南北监生彻底划分开，但并未获准，南士应试于北这一现象仍长期存在。

这种异地应试的方法虽然侵占了北京国子监生在乡试中的利益，但是由于明代监生应直隶考试的特殊性，与正常的“冒籍”行为并不能等而视之，是在合法范围内寻求变通。从明代中后期应天府科举形势来看，南人北上应试实属南人希求科举进身的无奈之举，侧面反映出在南监衰落的情况下，南监在科场中的地位无法与北监相比，难以继续承担其原有职能，南方士人才不得不倾向于在北监应试。

四、地方官学生对南监生登进的冲击

明初南京国子监地位较高，人才宏富，远非地方官学可比。然而自正统、景泰年间，边事孔棘，始开捐纳入监之例，监生人数剧增，素质大幅度下降，成化以后，为筹饷、救荒、营建宫室等事项，事例仍频，纳马、纳粟入监监生中“有年才十三四，句读未知者，四十以上入监监生中多有冒增年甲，人物庸陋，全无学识者”（《明宪宗实录》卷九十四）。其后虽有意禁止，然援例监生一事多有反复，到了崇祯年间，例监人数“通前共有数万”，且“多系幼男，自来不曾在学读书，既作监生，须拨历事。其举人、监生虽年壮气豪者，亦与彼一同挨次取选，始终二十余年方得出身。长者老耄，壮者衰弱”（《皇明名臣经济录》），援例监生直接导致了国子监地位的下降。同时，正统、景泰间，开始放回大量监生于原籍依亲读书，监生逃监、假托依亲之风亦屡禁不止，监生大多不愿在监读书，国学一时空虚。如万历十六年应天巡抚余立奏：

> 国初群天下士子于太学，教法甚严，无敢旷废，自入粟援例之制一开，当事者鄙之不足教，而此辈亦乐于驰纵。假托规避，玩愒岁月，自嘉靖四十一年至今，其告旷丁忧不复班者共一千二百七十三人。（《续南雍志》）

一方面是毫无节制地捐纳入监，另一方面是监生逃避在监肄业，国子监长期处于空虚与滥进的循环中，整体来看，国子监生的水平并不能得到有效的保证。而地方官学逐渐得到发展，南监在科场中的地位逐渐受到地方官学的冲击。

建文元年时，应天府由于不拘额数，取214名举人，其中南监生独占58名，而后虽然于景泰七年定“皿字号卷”制度，给予南监生一定的保障，但是监生取额长期不满30名之数，而此时尚且有“皿字号卷”制度作为保障，南监在科场中的颓势并不明显。隆庆年间的废除“皿字号卷”事件彻底将南监的困境暴露出来，耿定向嘉靖四十四年（1565）上《申饬科场事宜以重选举以隆盛化疏》：

> 不知始自何年，两京监生卷面俱以皿字号为别，致使关节易通，物议时起。夫国家设科抡才，惟文是取，何故为是分别，开此弊孔哉？合无自后监生、教官等试卷混同生员，一例编号弥封，除去从前皿字等号，庶可以章大公之选，而杜物议之原。（《耿天台先生文集》卷二）

要求革除“皿字号卷”制度，将生员及监生的试卷混在一处。此请在世宗朝并没有得到允许，直到隆庆元年（1567），从耿定向废除“皿字号”之议，将两京应试监生与一般监生一样按高下录取，然当年南京国子监中式者仅仅8人，南监生因此喧哗抗议，查继佐《罪惟录》卷二八云：“隆庆元年，上用言官议，革去皿字号。两监中式，大不如额，南监生哗。诏治哗者，编号如初。”这次风波导致“其为首沈应元等数人如法发遣……守备魏国公徐鹏举以闻变坐视等夺禄米，司业金达以钤束不严夺俸各二月”（王世贞《弇山堂别集》卷八十三）。虽然主要参与者和主试者都遭到严惩，但由于南监生反应激烈，隆庆四年乡试重新恢复了“皿字号卷”制度。隆庆元年废除“皿字号卷”事件将南京国子监逐渐衰落这一问题彻底暴露出来，国初煊赫一时的南京国子监此时已经无法在乡试中取得绝对的优势，此时的“皿字号卷”制度基本上已经完全转变为对国子监生的保护了。

南监之所以受到地方官学的冲击，一方面是由于南监生质量下降，佳卷难得，难以在评卷中胜出，另一方面是南监声名渐坠，诸司主考对南监考生存有偏见，在评卷时难免有失偏颇。关于监生水平下降问题，万历十四年南闱前主考沈鲤奏疏中言：

> 京闱乡试例该中监生三十名，而南榜常不能及额，臣与懋孝初至南京，随该提调官言监生具呈，今次欲取复原额，臣等亦以为事理宜然，许之。及至填榜止得二十六卷，同事诸臣又力引提调之说，各以其所取备卷呈送臣等，公同覆较仅得二卷，其一序一百三十三名。（《明神宗实录》卷一百七十七）

这里说应天府乡试中能够在评卷时脱颖而出的监生较少，填榜之时“常不能及额”，万历十三年应天府乡试为凑足“皿字号卷”名额甚至要反复搜检，但大多数情况下，若南监可取者太少，即可不取足额数。《皇明贡举考》载：“两京乡试原为畿内士子而设，历年止以三十五名待监生人等，本为限制之意，合无拆卷填榜之时，如所中监生人等不及原数不论。”这一情况南监司业季道统在万历二十二年上疏请求恢复35名旧额时也说：

> 而向来三十五名之原额，诚有不可不申饬而复其旧者，盖两京胄监解额并以三十五名为则，见行事例向无异同，偶因近科胄监乏才，场中仅录二十八卷，原额尚欠，主试以各庠生儒优卷补之，此一时权变，原非定规。迨后科复一科，相沿为例。(《明神宗实录》卷一百七十七)

可见应天府乡试录取南监生长期不满规定数额是由于可录监生不足，才录取较为优秀地方官学生补足，而后这一做法一直沿袭，直接导致了南监取额长期不足。

而例监一开，南雍名声也大不如前，“景泰改元，诏以边圉孔棘，凡生员纳粟上马者许入监，限千人而止，然不与馔饩，人甚轻之”(何良俊《四友斋丛说》卷十)。清人叶梦珠在《阅世编》中也说：“太学之选，明初最重，或由庠序拔人，或由胄于恩荫，天下之英才毕集焉，故历朝除官与进士等。自景泰以后，纳粟之例行，而太学遂滥，士林亦渐忽之。驯至启、祯之间，俊秀虽列衣冠，官长视之，殆与富民无异，积轻之势使然耳。”此时的南监虽仍为地位最高的官学，但是地位大不如前，监生也逐渐受到轻视。明末南监生卓发之在天启七年上《南雍丁卯科恳复中式旧制公揭》中更详细地描述了这种情况：

> 又北场尚重成均，闱中必首援雍士，次及庠士，盖因天下英才所聚，逸伦绝群，与一乡一国不同，乃南场迩来独薄雍士，名不列于正魁。(《漉篱集》卷十九)

卓发之说南闱阅卷之时，“先阅庠卷，既毕，方及皿字号，未辨佳恶，先怀摈斥之意，略抽数卷塞责，此外皆束置高阁，闭目不窥，诸生领出落卷，往往有全不着笔者，亦有委役装点、句读都讹者”。此即先阅地方官学生试卷，再阅南雍试卷，试卷未见，成见已存。根据现存《乡试录》，自嘉靖中后期，南雍生即使中举，排名大多在后列，即“略抽数卷塞责”，并不将南京国子监生与地方生员同等对待。同时，即使监生表现极佳，由于考官对国子监生的成见，还会被重新排名乃至黜落。如归有光于嘉靖十九年入试应天府，“茶陵张文毅公考士，得其文，谓为贾董再生，将置第一，而疑太学多他省人，更置第二，然自喜得一国士也”（《归先生文集》卷三十二《明故太仆寺寺丞熙甫》）。归有光因为监生的身份失去解元身份，可见南场雍士因考官成见而不列于正魁的说法并非空穴来风。

与明初地方官学生趋向国子监的形势有所不同，由于国子监生逐渐丧失了直接进入仕途的特权，而地方官学生与国子监生同样拥有参加科举的机会，国学基本上丧失了国初对于地方生员的吸引力，地方官学所承担的选送生员入国子监的功能逐渐弱化。而在科场竞争中，捐纳入监导致国子监积弊日深，国子监学风也遭到破坏，整体水平的下降和科场中对于南监生的偏见导致南监生逐渐无法在与地方官学生的竞争中取得优势。在整个南直隶考区，南监生的登进空间不断受到地方官学生冲击和侵占，南直隶地方官学逐渐转接了南雍部分职能。

五、结语

永乐迁都后，北京国子监因初建，职能仍不完善，尚不能承担培养整个国家人才的职能。为了完成人才的培养与转升，与南方其他行政机构不同，南京国子监的各方面功能并没有虚化，仍然保留着教育并向国家官僚体系输送人才的职能。随着北京国子监的不断发展，国家教育体系对南监的依赖性逐渐减弱，然而，南京国子监的功能不断弱化，在监生登进方面逐渐无法与北京国子监相比。在这种情况下，南监无法继续为南方士子提供有效的上升通道，大量南士以北监生身份应试，南监所承担的职能进一步减弱。而南直隶地方官学日益发展，南监却不断衰落，南监生无法在乡试中取得前列，南监生登进愈加困难，南雍部分职能逐渐被地方官学转接。

南京国子监在科场中地位日渐衰落，是南京失去政治中心地位导致的必然结果。自宋元以来，南方在文化、教育方面远超北方，顾炎武在论及南北文化水平差异时说：“夫北人自宋时即云京东西、河北、河东、陕西五路举人拙于文辞声律，况又更金元之乱，文学一事，不及南人久矣。”（《日知录》）可见至明代这种差异仍然存在。明初定都南京，政治中心与文化中心合为一体，永乐迁都后，虽然政治中心北移，北方得到恢复和发展，但是南方仍然作为人文渊薮，这就导致了政治权力与人才培养机制之间的脱节。在明代，南方仍是重要的统治基础，但是为强化对北方的控制，明代统治者需要充分考虑区域之间的利益调停，这导致北监反而更加容易在明代的乡试机制中获利。除此之外，明、清两代争论不休的会试南北卷问题，从根本上讲也源于政权中心与文教发达地区的分离问题。而北监生能够逐渐在乡闱中多于南监生，一方面反映了科场利益调节中的偏向性，另一方面也反映了政治中心北移在北方文化、教育发展与人才的上升性流动中所起到的作用。

（作者单位：山东大学尼山学堂）

《国学茶座》稿约

山东大学尼山学堂创办《国学茶座》的目标是“普及国学知识，发表国学新见，培育国学新人”。欢迎高层次的国学家为我们撰稿，也欢迎大学、高中教师以及大学生、研究生或国学爱好者为我们撰稿。文章内容涉及九经三传、语言文字、史传地理、政治经济、军事外交、国家民族、风俗礼制、金石图书、周秦诸子、宋明理学、天文历算、琴棋书画、花鸟服饰、建筑陈设、饮食起居、农业园艺、中医养生、宗教信仰、诗文词曲等方面者皆可。既注重知识的介绍，又注重探幽抉微，阐发新见。典籍之流传，学问之演变，人物传记，史事本末，诗文品藻，文字训释，均所提倡。总以深入浅出，娓娓道来，是所宗尚。

《国学茶座》自2013年出刊，每年四期，简体汉字。稿费标准：每千字70元，特稿每千字100元。作者赠样书2册。投稿电子信箱 guoxuechazuo@126.com。来稿请注明作者姓名、单位、通信地址、邮政编码、电子信箱、联系电话等。

赌博本身就具有娱乐性和危害性，再加上从事赌博的人群身份各异，使得禁赌问题对各个时代的统治者都有着挑战性。

雉卢内外：嘉庆十六年轿夫聚赌案探析

常斯淼

“雉卢”一词，本是古代博戏中的“彩头”，后来逐渐成为赌博的代名词。嘉庆十六年（1811），御史韩鼎晋奏京城轿夫聚赌之事，一时间引起皇帝密切的关注。朝廷以雷霆万钧之力，迅速实施逮捕，并集中力量审讯案犯，相继侦破多起京城聚赌案件。而这些赌博案件，上涉步军统领、大学士，下及太监、番役、轿夫，他们一同编织谎言，企图瞒天过海，包庇赌博的真相。这样一个庞大“骗局”的构建，与当时禁赌的律例与措施也有着紧密的关系。为了解释参与赌博的这些群体之间的关系，还有其背后的社会生态、治理模式等问题，笔者将围绕轿夫聚赌案的始末，展现当时京城的社会生活，探究清廷社会治理的情况。

一、学术史回顾

赌博的历史，可以追溯到旧石器时代后期的“碰运气”习惯。千百年来，人们利用有价值的东西做注码来赌输赢，在不同的文化背景、社会环境下有着不同的意义。对于清代的赌博问题，潘洪钢《清代的赌博与禁赌》（《江汉论坛》2008年第9期）一文概述了有清一代民间的赌博情况和朝廷的管控政策，并提出禁赌失败的原因在于禁赌法令缺少可操作性和持续性。

其余学者多从三个角度进行探究，一是从赌博的行为主体出发，例如旗人养尊处优，沾染了许多不良社会习气，其中参与赌博者不知几何。张善广《清代旗人的禁赌问题研究》（辽宁大学2016年硕士论文）、王丽亚《清代旗人赌博治理述论》（《云南社会科学》2013年第2期）二文揭示了旗人作为“国家根本”所受到的优待与他们沉湎赌博之间的关系，对清代“旗民分治”政策下对聚赌旗人特殊的惩治措施进行了叙述。清代赌博是一个遍及社会的问题，旗人只是当时社会中的一个群体，从各种赌博的案件看，无论旗民满汉都有参与。同一案件中，旗民共犯与处罚又是怎样的情形，仍需继续说明。

二是对某一地区的赌博现象进行研究。清代一直有着“赌风之盛，以广东为最”的说法，毛克明《清末广东禁赌的措施与成效》（《河北学刊》2007年第4期）一文就以近代社会转型为背景探讨了清末广东阻碍禁赌的原因、管理赌博的做法和结果。相反，一些地方在禁赌上取得的成效是值得借鉴的，具有代表性的莫过于学者们所关注的“禁赌碑”研究。禁赌碑大多出现在县城村落之中，相比于大城镇复杂的社会环境，县城村落的人群构成单一、民风质朴，为治埋赌博提供了合适的实验场所，营造了良好的社会氛围。魏晓锴《清代县域视野下的禁赌问题研究——以山西高平为例》〔《清华大学学报》（哲学社会科学版）2018年第2期〕一文从山西省高平县现存的禁赌碑内容解读出发，探究了在国家法律落实背景下，一个县城通过教育和敦促以期达到禁赌目的的实验。

三是从朝廷对赌博的管控角度出发进行探究。清廷禁赌，一方面依靠人力，如步军统领衙门就是京城负责禁赌的主体之一。赵书科《清代步军统领衙门与京师城市管理研究》（湖南师范大学2018年硕士论文）一文涉及了步军统领衙门禁赌职能的发挥，并从禁赌措施的变迁和执行角度进行了一定的讨论。步军统领衙门中官员的具体表现也值得注意。李文益《清代步军统领番役功能演变与社会权力结构变迁》（《中国社会科学院研究生院学报》2020年第1期）一文聚焦“小人物”——番役在社会矛盾变化过程中的角色，他们在禁赌中有着怎样的作用也有待进一步探讨。另一方面，清廷也要使用法律手段。除了普遍适用的赌博相关律例，乾隆二十二年（1757）已有针对轿夫聚赌的刑部奏准条例。同时，为了适应社会的发展，赌博相关律例也处在一个不断完善的过程中，这也是可以从轿夫聚赌案件中体现出来的。法律需要通过行政机关执行来发挥效力，那思陆《清代中央司法审判制度》（北京大学出版社2004年版）已经指出步军统领衙门对京师徒罪以上案件拥有初步审讯之权，并无审理权。李典蓉《略论清代京师地区司法审判制度——以五城察院与步军统领衙门为中心》（《北京史学论丛》2013年12月）又进一步指出步军统领衙门在户婚、田土、拿获赌博等一切寻常讼案上拥有审判权。当然，皇帝针对特定事件、特殊对象临时颁发的政令，有着高于律例的法律效力。在这样的背景下，案件的最终论处上会展现怎样的偏差，步军统领衙门及其他行政机关的司法属性在禁赌中又是如何发挥的问题也值得注意。

管理赌博，是清廷社会治理的一个缩影。嘉庆朝的前四年（乾隆皇帝于乾隆六十年禅位于皇十五子颙琰，实际上仍然掌握国家最高权力，直至嘉庆四年正月初三去世，嘉庆皇帝才开始接掌整个大清帝国），皇帝受制于太上皇的“余威”，只能延续乾隆朝的方针政策。嘉庆帝亲政后，打出“咸与维新”的旗号，决心整顿乾隆末期的乱象。在嘉庆帝的主导下，一系列措施固然产生了一定的效果。但是，在官僚体系积弊已深与社会矛盾复杂激化的双重影响下，这些措施的真正效果只是杯水车薪。崔珉《求民隐于京控的中挫：“广兴案”与嘉庆帝的吏治重估》（《学术研究》2020年第9期）一文，从“广兴案”入手讨论嘉庆帝广开言路与钦差大臣不作为之间的矛盾，从而揭示出嘉庆朝的吏治废弛乃至政治危机。类似地，朝廷对禁赌的态度与衙门禁赌的实际措施也存在着矛盾，这与赌博在社会层面、政治层面产生的影响亦不无关系。总之，我们希望通过对嘉庆十六年京城轿夫聚赌这一个案的探析，来填补禁赌问题的研究空白，更好地反映嘉庆年间政治社会的发展情况。

二、喝雉呼卢：聚赌案始末

《清仁宗实录》载嘉庆十六年五月二十八日，“御史韩鼎晋密奏，风闻近日内城聚赌之处甚多，大约俱系诸大臣之轿夫开局等语，当即密饬禄康、英和查办”（《清仁宗实录》卷二百四十四）。御史韩鼎晋在奏折中说，“臣近闻京城轿子房赌风渐炽，在大臣等平日居心谨慎，克自约束者自无此弊”，又说“且臣闻内城旗人多受此累，皇上爱养旗人，无微不周，谆谆以崇俭黜奢为务，若似此习于赌博，相率成风，则恩赏钱粮何能供其挥霍”。〔《嘉庆十六年京城轿夫聚赌案档案（上）》，《历史档案》2019年第4期〕一封御史奏折，不仅上陈天子脚下世风日下之事，还提到旗人亦有参与，于是迅速引起嘉庆皇帝对京城赌博问题的密切关注。为防打草惊蛇，嘉庆皇帝当即派遣步军统领衙门秘密搜查，旋即拿获以镶黄旗包衣闲散金山为首的杏花天赌棍一起人犯。同时，嘉庆皇帝又闻明亮家轿夫有聚赌之事，随即开始了对朝中大臣轿夫的严格排查，相继侦破多起聚赌案件，下面笔者将一一进行梳理。

（一）杏花天聚赌

在这次轿夫聚赌风波中，杏花天聚赌是步军统领衙门侦破的第一起案件。这起案件头犯金山系内务府镶黄旗包衣闲散，因杏花天地方剃头铺后有其祖辈遗留的三间空房，遂在该处伙同民人李四、程吉、隋一、雷太、胡畛、徐斌及镶黄旗包衣赵九十儿、镶红旗包衣赵八等开设牌骰铜木宝盒局场，抽头获利，乘便诱赌。为了避免地面兵役查拿，金山先用银钱与步军统领禄康管门家人窝何（即张三）疏通关系，再行贿该处看街步甲刘二、领催王二，嘱其照应。〔《嘉庆十六年京城轿夫聚赌案档案（下）》，《历史档案》2020年第1期〕杏花天赌场开设期间，该处步军校广安、七格得知消息，欲行密拿，收受贿赂的领催王二将禄康管门家人窝何的照应之言向二人说明，广安等亦即容忍。

五月二十九日，步军统领衙门英和、禄康接到密旨，暗中逮捕聚赌之人，旋即拿获全部杏花天聚赌案犯。杏花天赌场自嘉庆十五年（1810）十一月开设，直至嘉庆十六年（1811）五月二十九日被查封，因其开设时间较短，头犯金山又为旗人，嘉庆皇帝着将其枷号两年，游示九门，发黑龙江给八旗兵为奴。参与的赌徒也是形形色色，往来无定，但太监声音体貌特殊，引人注意，刘进玉等太监就在杏花天参赌。为正宫规，嘉庆皇帝着将刘进玉等人枷号半年，再交慎刑司管押，用以警示众人。

（二）明亮轿夫案

杏花天聚赌案被侦破的同时，朝廷又闻大学士明亮家轿夫也有聚赌之事。六月初一日，嘉庆皇帝谕令军机处派章京前往明亮家中宣旨，要求明亮自行查拿。明亮为了减轻罪责，仅以轿夫逃散复命（《嘉庆帝起居注》第16册）。实际上，明亮早在五月二十八日就对皇帝严查聚赌之事有所耳闻，派家仆王福前往轿子房赵大处“核查”，众轿夫收到消息，第二天便纷纷逃逸。

六月初五日，军机再次传询明亮。明亮称自己是无意间在御书房外听到御史韩鼎晋上奏之事，又将派家仆王福前往轿子房“核查”之事粉饰一番，企图蒙混过关。不料，在明亮被传询的同时，家仆王福、轿子房赵大所属后鼓楼苑儿胡同的管街领催、步甲等人亦被步军统领衙门查拿审问，并且吐露了通风报信、包庇聚赌的真相，步军校宁德还招认了明亮唤其往宅中叙话之事。据供词，明亮要在后鼓楼苑儿胡同所属区域找一处房屋安置轿夫，而宁德并未理解其言语中的弦外之音，对他家轿夫聚赌之事也不知情〔《嘉庆十六年京城轿夫聚赌案档案（上）》〕。此言一出，明亮的罪名被彻底“落实”。知情不报、信口开河、“殊失大臣之体”等数罪并罚，明亮被革职降为副都统。

（三）禄康轿夫案

前一案中，大学士明亮被军机传询时，还被问及是否知道朝中其他大臣家中窝藏聚赌之人。明亮称“伊家如此，是以效尤”（《嘉庆帝起居注》第16册），暗指步军统领禄康家中亦有此事。嘉庆皇帝虽然认为明亮的指认“近乎报复之语”，但是为了肃清京城风气，便以步军统领禄康性格宽厚、恐疏于约束管理为由令英和等人前往查探，果然拿获以其轿夫徐四为首的一干聚赌之犯。轿夫徐四、张三等人，租借轿子胡同伊布里的十间祖屋，借着该处领催刘德、白三、汲桶兵胡老的掩护，自嘉庆十四年十月开设赌局，五月二十九日步军统领衙门首次搜查前就自行拆毁棚子散去。

而禄康作为步军统领，对要往自己家中搜查之事早有耳闻，于六月初五日晚间，就将徐四所在轿子房的看门严加讯问，得知了轿夫的聚赌事情。对此，禄康并没有如实上奏，初六日只说“已将徐四看押讯办”，企图蒙混过关，不料东窗事发，徐四等人被朝廷拿获，已和盘托出了聚赌之事。据此，嘉庆皇帝以“罢软无能”为由将禄康降为正黄旗汉军副都统。

（四）其余聚赌案

除了以上三个具有代表性的聚赌案外，由御史韩鼎晋奏折所引起的对京城赌博的全面搜查持续进行，步军统领衙门相继侦破了其余开设的赌场，列表如下〔按中国第一历史档案馆选编《嘉庆十六年京城轿夫聚赌案档案（下）》整理〕：

序号	头犯人名	赌场地点	拆散时间	所属地方	房屋归属
1	轿夫夏三	镶黄旗蒙古宝泉局门口路西	嘉庆十六年五月二十九日拆棚散局	大学书庆桂轿房	本宅之房
2	轿夫刘二	正白旗满洲嘎嘎胡同	嘉庆十六年五月二十九日拆棚散局	尚书恭阿拉轿房	本宅之房
3	隋二	头条胡同路北	嘉庆十六年二月初三日已散	无	贝勒治麟
4	胡三	头条胡同路北	嘉庆十五年三月已散	无	贝勒治麟
5	闲散马四	头条胡同路南	嘉庆十六年二月初一日已散	无	大兴县民李姓之房
6	轿夫康太	镶白旗满洲南小街路西	嘉庆十六年三月初三已散	泰宁镇总兵本智	大兴县民武二之房
7	轿夫刘老	灯市口路南染房后方	嘉庆十六年五月二十九日已散	贝勒丹巴多尔济	本宅之房
8	马甲□杨	镶蓝旗汉军安福胡同	嘉庆十六年六月初二日被抓	镶蓝旗汉军马甲群住	马甲□杨自置的住房五间半又添盖灰棚两间

三、轿夫的“关系网”：京城社会与赌局开设

京城社会赌风甚炽，轿夫聚赌案仅是其中的一个侧面。上至皇亲国戚，下至平民百姓，对赌博都有十足的热情。京城中王公贵人、富室子弟聚集，多有以赌博为乐者。深宅大院为他们开设赌局提供了天然的屏障，阿桂之孙那彦瞻在家中多次聚赌，嘉庆帝知晓后对其进行了申饬，并罚十倍赌资（《清仁宗实录》卷七十六）。京郊寺院亦有名为“法和尚”的僧人聚开赌局，并豢养女伎，引诱贵族子弟前往赌博（清昭梿《啸亭杂录》卷八“法和尚”条载，“乾隆中，有法和尚者，居城东某寺，势甚熏赫。所结交皆王公贵客，于寺

中设赌局，诱富室子弟聚博，又私蓄诸女伎日夜淫纵，其富逾王侯，人莫敢撄”）。在贵族子弟、官宦缙绅中间，赌博成为他们日常交往的一种风尚（清梁章钜《退庵随笔》卷六载，乾隆四十一年大理寺少卿刘天成在上奏皇帝时，称民间大户人家“呼群聚赌，不经之费，难以枚举”）。为了达到充盈门面的效果，这些人家中的红白喜事往往都要有赌博助兴，浮费弥广。而在平民百姓之中，赌博除了是日常娱乐的方式，更是非法获取收入的手段，本文所提到的轿夫聚赌案即是其中之一。

呈现着分层化倾向的赌博，在以轿夫的“关系网”为中心的下层社会中逐渐扩散开来。通过对这些聚赌案件的梳理，笔者发现轿夫往往是成功开设赌局的核心。轿夫本身是“卖力气”的活计，不仅工钱有限（从轿夫聚赌案反映的情况来看，轿夫的工钱按“班”计算，每月五十两到六十两不等，另发有米两到三石），日常要风里来雨里去，不时还要伴随家主出远门，帮担行李辎重，自然不是人们愿意接受的工作。因此，京城的轿夫大多来自京郊和周边的山东等地的普通人家（轿夫多是进城觅工的京城郊县以及外地普通民人，对于本案涉及的轿夫籍贯，有北京大兴县、宛平县，山东登、莱二州及寿光县等。《王钟霖日记》亦有载，“山东东三府在京贸易者，亦不知有多少人。偌大京城，食水酒肉皆东人，各衙门轿夫皆东人”）。这些轿夫或携妻女，或孤身一人，前往京城谋生，只为在年富力强的几年间（清李虹若《朝市丛载》记录当时京城轿夫的情况称，“俱系年轻力壮、腿健如飞、上身不动、稳而且快，抬轿时尤以人马赶不上为能”，侧面反映出当时雇佣轿夫的用工要求）获得更多的银钱，未来过上更好的生活。在轿夫群体内部，背井离乡的共同经历使得他们格外团结，在开设赌局一事上具有较强的一致性。同时，轿夫们为了利益分配得当，也在赌局开设时进行了分工，如禄康家轿夫两班共十人，轿头徐四与房东伊布里都在赌场中做掌柜，轿子房看门的王三在赌场中仍是看门，其余轿夫有的“做宝”〔关于“做宝”，李鸿章的奏议中描述了这样一个事件，“同治七年六月初一日夜，牛八沅子堂兄牛幅沅与素识之喇锦亨先后至李银豆腐铺内闲游，喇锦亨起意赌钱顽耍，牛幅沅等允从，喇锦亨即用钱做宝，牛幅沅与李银猜压”（见《李鸿章全集》第17册奏议十七），其中“用钱做宝”，就类似于现代赌博中的赌注、彩头，起到诱惑赌众参与赌博的作用〕，有的管事，分工合理的内部组织为开设赌局提供了前提条件。

在轿夫群体外部，从工作环境来看，他们与宅中家主、管事都有着直接的接触。雇佣轿夫是一定范围内的王公大臣才能享有的“特权”，乾隆二十一年（1756）上谕“惟亲王、郡王、大学士、尚书准其坐轿，贝勒、贝子、公、都统及二品文职大臣俱不准坐轿”（《清高宗实录》卷五百一十六），进一步提高了乘轿出行的规制。轿夫抬轿接送官员上朝进宫、往来交游，与他们有着密切的接触，也在无形中成为官员身份的另一种体现，由此获得了由官员权力衍生出来的一种“隐形特权”。这样的衍生权力使得轿夫这一群体的社会地位也在提高，为他们租住房屋、开设赌局提供了极大的便利。如明亮家轿夫聚赌案中，主子明亮为了“规避”获罪的风险，甚至亲自出面，以官威要求番役帮忙办理赌局租房事宜。管事家人则是轿夫们在王公大臣家中工作时又一密切接触的对象，他们往往与家主有着“特殊”的关系，如明亮家轿夫聚赌案中，轿大米赵等人是出明四大人家奶母的儿子堂刘介绍来的，据堂刘口供，他早就得知米赵等轿夫的聚赌行径，只是为了在明大人面前“得脸”而选择了隐瞒〔《嘉庆十六年京城轿夫聚赌案档案（上）》〕，这为轿夫开设赌局起到了又一层庇护作用。因为家主的官职阶品，与家主关系更为紧密的管事家人也有着衍生权力。这种权力具体表现在管事家人的社会地位上，如步军统领禄康的“家人”窝何、曹升多次出现在聚赌案中，他们是赌犯结识番役的桥梁。只因家主是步军统领，他们就有了命令地面番役的“权力”，一句“嘱勿查拿”，为赌局撑开了一把保护伞。

从生活环境来看，部分轿夫聚赌以他们租住或是分配的固定住所作为赌局的开设地点。京城治安多靠分管各处地面的步军统领衙门的番役力量，轿夫出于对成功开设赌局的考量，选择了较为熟悉的环境开设赌局，更为方便收买这些底层番役，以便寻求庇护。

轿夫开设赌场，选择收买的番役是步军统领衙门的领催、步甲等人。他们是民间赌博直接的管理人员，与开设赌局的众人在地域上有着直接的联系。在信息传递方式有限的情况下，番役的通风报信对各赌局的安危显得格外重要。于是，他们自然成了各赌局争相贿赂的对象。以上各案，开设赌局的头犯往往都先通过各种方式结识该处一个番役，并用大量银钱买通，再由这个番役做主按日给其余地面步甲分配银钱。从步甲来源看，八旗步甲服役之苦，导致条件稍好的旗人都不愿当。因此步甲出身大多低微，有的甚至是旗下奴仆或抱养的民人之子〔刘小萌《清代北京旗人社会》(修订版)，中国社会科学出版社2016年版〕，这样的家庭条件使得他们对银钱的渴求更甚。从步甲待遇看，其头目领催每月俸饷可得二两，普通步甲每月俸饷也有一两五钱(《大清会典则例》卷五十二)。朝廷为了避免番役被犯案之人收买，会给其中办案得力者一些额外奖励，如明亮轿夫聚赌一案，办案得力的番役头目每人获葛布一件，广储司银十两，以示嘉奖。即便如此，也远远赶不上番役从开设赌局处获得贿赂的金额。各赌局按日给予他们的银钱多则四五千文，少则一二百文，成为促使他们包庇赌局的直接动力。在这样巨额收入的诱惑下，番役甚至向开设赌局的头目直接索要银钱，如禄康家轿夫案中，徐四、张三等轿夫起初以四千五百文钱收买地面番役。领催刘德因嫌分得的贿赂不够，就通过汲桶兵胡老向开局的徐四、张三等人要求“加钱”，直至加到六千文左右才肯罢休〔《嘉庆十六年京城轿夫聚赌案档案(下)》〕。又如，嘉庆七年(1802)番役金配探知袁锡等在家斗鹌鹑做赌局的消息，起意前往“捉拿”，实际上是企图以帮忙掩盖为由，从中勒索钱财，中饱私囊(《清仁宗实录》卷九十三)。

赌局开设除了需要赌具、房屋等固定资本，也需要一些本金作为流动资本。轿夫们每月的工钱较少，有时并不能通过自身来满足所有开设赌局的要求。于是，既有资金也有闲暇，又对赌博有着极大热情的一部分闲散旗人，就成了轿夫们开设赌局的“合伙人”。对于旗人来说，他们拥有固定的收入与房屋所有权。闲散旗人每月获得固定的养赡银(刘小萌《清代北京旗人社会》)，给他们参与赌博提供了资本。而大清入关后分得的祖屋用来出租，亦保证了闲散旗人的固定收入。另外，康熙以后，住在内城的旗人与外城民人的房产交易增多，这使得旗民之间的界限逐渐模糊，为轿夫寻找合适的租房开局地点提供了便利。

作为组织者的轿夫需要四处打点以求庇护，需要支付开设赌局所在房屋的租金，这些支出都以抽头获利的方式获取。《清稗类钞》“赌博之抽头”条指出："召集博徒于家而饮食之，伺其既胜，或二十取一焉，或十五取一焉，谓之抽头。"囿于历史记载，我们无法得知当时具体的赌注来推算轿夫组织赌局的收入情况。不过，《清稗类钞》"顾宾臣得博进十二万金"条记载了嘉庆十年盛某"与狎客纵博半年，博负七万金"之事，亦可见当时民间聚赌的庞大金额，那么轿夫通过抽头所获得的利润应是一笔不小的数目。

梳理几起轿夫聚赌及其相关案件，可以发现这几起案件不是孤立的，都能反映出轿夫群体通过自身的社会关系网罗众人，其余人等根据身份各尽其能，赌博问题迅速在京城社会蔓延开来的现实。

四、清廷对轿夫聚赌案的不同处理

轿夫聚赌之事，清廷已有载入典册的针对性律例：轿夫聚赌为首开场以及放赌抽头之犯，均发边远充军；参与赌博之人，枷号（枷号是一种独立于五刑之外的特殊刑种，其由刑具发展演变成为一种独立的刑罚制度经历了漫长的过程。特别是枷号发展到清朝，已然从明朝时期的酷刑演变成为一种具有优待性质的替代刑及附加刑）三个月，杖一百，发回原籍拘束；坐轿本主按例议处（《大清律例通考校注》，中国政法大学出版社1992年版）。此条律例可以体现出清廷对这类案件的重视，但是涉案之人众多，还需要依靠其他相关律例进行论处。

《大清律例》"赌博律文"条载："凡赌博财物者，皆杖八十，摊场之财物入官。其开张赌坊之人，虽不与赌，列亦同罪，坊亦入官。止据见发为坐。职官加一等。若赌饮食者，勿论。"（《大清律例通考校注》）这一律文，体现了公平处理各聚赌案犯的要求，但是赌博案件非常复杂，涉及对象广泛：从身份上，涵盖了官员、旗人、兵甲等；从参赌方式上，又有组织者、参与者、租给赌场的房东、做赌具者、租给赌具的房东之间的差别等。于是，清王朝又陆续出台了更为细化的例文作为辅助。

对于赌博案件来说，组织者在其中扮演了重大角色。清代对于开场窝赌的赌局组织者，以身份为别，按"经旬累月"和"偶然会聚及抽头无多"有不同的处罚，如下表：

	偶然会聚及抽头无多	经旬累月
旗人	枷号三个月，杖一百	初犯，发极边烟瘴充军；再犯，拟绞监候
民人	枷号三个月，杖一百	初犯，杖一百，徒三年；再犯，杖一百，流三千里
官员	革职枷责，不准折赎	交部议处

对于参与赌博之人，按身份为别进行处罚，如下表：

	参与赌博
旗人	枷号两个月，鞭一百
民人	枷号两个月，责四十板
官员	革职枷责，不准折赎；现任职官屡次聚赌，枷满发乌鲁木齐处效力

对于造卖赌具之人，主要按身份不同和情节轻重进行处罚（如下表）。因为描画纸牌需要较长时间才能完成，在短期内难以造成范围过大的不良影响，所以对于描画纸牌之人，“应较印板者稍为末减”，照造卖已成者减一等治罪。同时，清代法律要求八旗、各省在拿获赌博案件时，必须究出赌具由来。若能查出造卖赌具之人，官员将交部议叙；若不能查出，或被他处查出，官员将被交部议处。

	头犯	从犯
旗人制造赌具	发极边烟瘴充军，许照名例折枷	发边远充军，许照名例折枷
旗人贩卖赌具	发边远充军，许照名例折枷	发近边充军，许照名例折枷
民人制造赌具	发边远充军	杖一百，流二千里
民人贩卖赌具	杖一百，流二千里	杖一百，徒三年

对于租房给开赌局之人、造卖赌具之人的房主，清代也有着明确的律例。其中，嘉庆十六年，轿夫聚赌案出现后，嘉庆帝谕旨“租房开设赌局明系希图重利，房主安得诿为不知”，清廷以此为由认定租房给开赌局之人必定知

晓赌局一事，表达出对禁赌的严厉态度。

除了上述的这些对与赌博案件直接相关的案犯处罚，还要论处间接与之挂钩的涉案人员。赌博需要诱因，清代律例对诱赌之人也有着明确的惩治措施。清代宗室是太祖努尔哈赤之父显祖塔克世直系子孙，对于帝国尤为重要，入宗室府内教唆赌博、诓骗财物更是重罪，犯人按近边充军论处。其余民间诱赌，如押宝诱赌者，将掌盒与同赌之人均按开场赌博例治罪。《剑桥中国秦汉史》认为，古代中国法律的两大特征是等级化的身份社会和“集体责任”，即“集体对其成员的犯罪负有不可分割的责任”(《剑桥中国秦汉史》，中国社会科学出版社1992年版），基于血缘宗族的连坐制度和基于地域联系的保甲制度即是“集体责任”的两种具体表现（张维迎、邓峰《信息、激励与连带责任——对中国古代连坐、保甲制度的法和经济学解释》,《中国社会科学》2003年第3期）。

赌博律例涉及的连带责任按实施对象有三类，一是针对旗人的佐领和宗族的连带责任。佐领长官是八旗制度下基层组织的负责人，族长则是模仿汉人宗法制度选拔出来的德高望重的长老。若有旗人聚赌，佐领长官和族长都要受到处罚。每有一起旗人赌博案件，该佐领及骁骑校罚俸一个月，该族长则以鞭二十五论处。

二是职务连带，也就是针对负责禁赌官员的“因事连坐”。这一连坐范围较为广泛，如负责禁赌的官员失察赌博、隐瞒下级赌博的官员，均要交部议处。作为低级番役头目的领催失察赌博之事，会以鞭五十论处。

三是针对邻里的连带责任要求。聚赌之人往往会选择隐蔽的地点作为赌局所在，这样一来邻里更容易了解到相关信息。但是，邻里之间并不存在着天然的责任范围。于是，清代皇帝通过律例的形式，规定如有通同徇隐不及时举报的经旬累月开场窝赌的左右两邻，杖八十，得财者从重论处，这从法律意义上确定了邻里之间的连带责任关系，以期通过举报的方式来获取民间的赌博信息，弥补番役日常巡查的不足。

嘉庆帝对于轿夫聚赌案非常重视，总会在管理刑部事务的大学士董诰上奏的按律定拟奏折之外另下谕旨论处，这与案件涉及内容以及人群的特殊性有着密切关系。

“轿夫无不赌博者，而办罪者绝少，以坐轿之人不免处分故也”（薛允升《读例存疑》卷四十四），可见轿夫聚赌是当时社会的一种常态。这种屡禁不止的问题，自然会使统治者深恶痛绝。禄康轿夫聚赌案中，以“情浮于法”为由，头犯徐四、张三由发极边烟瘴之处充军改为永远枷号，游街示众，表现出了通过加重处罚以儆效尤的倾向。杏花天聚赌案其余涉案人等，如包庇赌博的领催、步甲，甚至听纠入伙帮忙的打杂都按从犯例论处。轿夫聚赌一案论处的案犯之多、论处的程度之严，实属历来赌博案件所罕见。

轿夫聚赌案不仅涉及赌博背后的社会不正之风，还暴露出官员对上“覆奏不实”（《清史稿》卷十六《仁宗本纪》）、相互之间包庇、对下仗势欺人的官场陋规。在严格的“连坐”制度的背景下，上至嘉庆十五年（1810）五月刚刚复位大学士、协办大学士的禄康、明亮，九月升任工部尚书的孝和睿皇后之父恭阿拉（《清史稿》卷二百一十四）都因一年之后家中轿夫聚赌案而落马，颇受君宠的英和等人也因办事不力被议处。下至地面番役也被严厉处置，如包庇杏花天赌场的广安、七格不仅自身被革职发配，还祸及子孙，“其子孙并着前往”，这些处罚足以说明嘉庆帝对官员欺心诳上行为的厌恶与整顿官场风气的决心。

在清代的法律体系中，旗人一直都是特殊的存在。皇帝从保护旗人的角度，在杏花天聚赌案中，哪怕是对情节较重、本不能折枷、该发配黑龙江当差的首犯金山也进行了折枷处置。而对参与杏花天赌场的太监处罚格外严厉，刘进玉等一干太监按例拟发黑龙江为奴，嘉庆帝谕旨称，“刘进玉、窦进喜、岳进忠、崔得禄、顾得禄以太监私赴局场赌博，大干例禁，均着加枷号半年，交慎刑司管押，令各太监触目警心，咸知畏惧，满日再咨交兵部，发往黑龙江给打牲索伦达呼尔为奴”〔《嘉庆十六年京城轿夫聚赌案档案（下）》〕。清廷以期通过这样的严厉处罚，达到正宫规、严宫禁的目的。

总体上讲，轿夫聚赌案的处理，大多遵循了清律依法定罪量刑的原则〔曾宪义、赵晓耕主编《中国法制史》（第四版）第十章“清代法律制度”〕，同时存在着差异化的倾向，涉案人员的身份则是造成这种与律例相偏离的处理方式的主要因素。涉案人员的“特殊身份”或是与帝国根本相关，或是触犯到皇帝逆鳞，清廷自然要对这些人进行“特殊处理”。上下级之间、主仆之间、邻里之间建立坚固的攻守同盟，企图联合起来瞒天过海，却不料一朝东窗事发，牵连弥广，这样的处理也从侧面体现出嘉庆帝对整顿官场风气、加强社会治理的决心。

五、清廷在京城禁赌所处的被动境地

值得注意的是，虽然嘉庆帝在禁赌问题上体现出坚决打击的立场，但是如此大规模的聚赌案件全赖步军统领衙门下属的各步甲进行搜查、管控，并无其他部门从旁辅助。步甲除了日常巡视外，大多以“听闻”某处有赌局而后秘密缉拿的方式开展工作，这显然也不是有效的禁赌方式。基于此，步军统领衙门在禁赌工作中的真实作用是值得怀疑的。

《八旗通志》载，“其京城内外，如有强窃横恶、负罪潜逃、私铸私销、赌博斗殴一切违禁不法之事，均责成步军营、巡捕营专讯兼辖等官督率兵役随时缉获”(《八旗通志》卷三十四《兵制》三)，规定了步军统领衙门所辖步军营具有禁赌的职责。《东华续录》载，“赌博之禁，未尝不严，见在步军统领之番役、五城司坊之捕役日夕查拿”(《东华续录》乾隆十)，作为维护京城治安武职系统的步军统领衙门番役和文职系统的都察院五城兵马司捕役都要为禁赌做出努力。但是这些书面上的要求，因受到现实中的各种阻碍，往往都流于形式，难以发挥有效的作用。

从轿夫聚赌案中可以看出，现实中对禁赌的阻碍体现为如下几条。第一，赌局开设的地点多选在普通民宅，蠹居棋处，不露马脚，即便是搭设屋棚，也有存放轿子作为借口，这就使得番役无从下手查拿。第二，赌局开设的时间并不固定，再加上收受贿赂者的通风报信，更是增强了开设赌局的机动性，这给番役查拿带来很大的不确定性。第三，参与赌局的人员都有较为隐蔽的身份。轿夫、旗人，甚至是太监，都不是专职经营赌场的人员，只是不定期地开场聚赌、参与赌博。在不去经营赌场的时间里，他们仍有其他营生用来隐蔽身份。低级的番役即使掌握他们的身份信息，囿于宫墙之高，也无法实施查拿抓捕。

这些现实中的阻碍并没有推动朝廷禁赌方式的更新，反而助长了低级番役在工作中的惰性。例如，步军校宁德因为几次突袭无果，就以敷衍回复草率了事，变相地纵容了聚赌行为的滋长。再加上朝廷为了防范番役办案扰民，规定有“确据”才能进行查拿，番役群体可以说基本丧失了主动禁赌的积极性。

于是，对于番役而言，禁赌从原本应有的职责转变为被动的工作。步军统领衙门作为京城禁赌的重要部门，其缉拿赌犯的职能通过番役才能实现。那么，番役被动性工作，直接影响了步军统领衙门禁赌这一职能发挥的效果，使得朝廷对民间赌犯展现出一种含含糊糊、暧昧不清的态度。若非这次嘉庆十六年御史韩鼎晋的一封奏折，直接坚定了皇帝大规模打击赌博犯罪的决心，步军统领衙门下的番役恐怕很难突破以往的阻碍，开展查拿相关案犯的工作。

步军统领衙门的种种表现，只是清代朝廷被动禁赌的一个缩影。从第二部分中我们发现，在朝廷查拿轿夫聚赌案犯的同时，镶蓝旗汉军马甲聚赌一案同时被侦破。此案涉及的八旗兵营和轿子房具有类似的特点，聚赌之事也时有发生。另外，清代皇帝重视八旗子弟，对于旗人赌博也只是在事件发生过后再予以申饬。如杏花天赌场的头犯金山就是镶黄旗包衣，轿夫聚赌涉及的案犯更不乏旗人，对此，嘉庆皇帝发《告诫八旗子弟不可聚赌朱谕》〔《嘉庆十六年京城轿夫聚赌案档案（下）》〕，以期用言语上的劝告来弥补对八旗子弟禁赌教育的缺失。从现实中的情况来看，这种口头上的劝诫只是表面上对旗人赌博有一定的遏制作用，但是并没有触及旗人赌博的根本，长此以往也就失去了效力。

从这样几个侧面，可以得知，清代禁赌整体上是被动的，其实效是难以保证的，这样突击式的检查大多数只能如“杀鸡儆猴”一般产生短期的成效，缺少常态化的有效管理或是区域内社会风尚的正向建构，我们甚至可以预见不久之后故态复萌的情形。

清代衙门行政、司法不甚分明，步军统领衙门同时具有司法属性，除前文述及的缉捕外，还具体表现在审讯权上。步军统领衙门对于“户婚、田土、钱债细事，并拿获窃盗、斗殴、赌博以及一切寻常讼案，审明罪止枷杖笞责者，照例自行完结。如应得罪名在徒、流以上，方准送部审办”。步军统领衙门对京师与旗营轻微案件有审结权，“徒”以上案件有审讯权。理论上，步军统领衙门对于审讯的犯证并不具有刑讯权。就司法审级而言，步军统领是京师案件的初审机关。

超越步军统领衙门司法权力范围外的案犯，往往会由以下处理部门接手。一是军机处。一般需要皇帝亲下谕旨，其他部门才能将案犯交由军机处审讯（清梁章钜《枢垣记略》卷十三“规制”条）。这类案犯大多身份特殊，例如上述案件中大学士明亮就由军机处多次提审。二是刑部，“康熙十三年定，凡审理八旗三营拿获违禁犯法奸匪逃盗一应案件……凡徒罪以上，录供送刑部审拟”（那思陆《清代中央司法审判制度》）。对于赌博案件，步军统领衙门的司法权力亦是如此。

六、结语

嘉庆年间，社会矛盾激化和吏治愈加腐败是这一时期的主要特点。轿夫只是一个卖苦力气、为人差使的群体，却能凭借自身优势网罗闲散旗人、低级番役等人狼狈为奸，甚至能使得王公大臣为之护过饰非，从而顺利开设赌场，抽头获利，最终成为京城社会的一大毒瘤，这其中的环环相扣映射出的不仅是京城社会生活的一角，还是帝国官僚体系本身出现的漏洞。

从社会史方面来看，赌风扎根于京城社会生活之中。在这样的社会氛围下，轿夫通过自身的“关系网”不仅托庇于地面番役，还将下层社会的其他人群吸纳入赌局之中。这些下层社会的人群由赌博产生了利益联系，究其根源，其实是对于获取更多收入、摆脱贫苦生活的渴望促使他们走上了违法犯罪的道路。

从政治史方面来看，清廷对轿夫聚赌案的态度带有深刻的政治隐喻，对涉案人员的处理直接展现出嘉庆帝在赌博问题上坚决打击的态度。进一步反思禁赌措施，则可揭示出清廷在管控赌博中所处的被动境地，这与皇帝的态度恰好是矛盾的。在过往的研究中，嘉庆朝的吏治腐败和社会矛盾往往是两个“井水不犯河水”的学术问题，而事物之间都是存在联系的，通过本文轿夫聚赌案的梳理，我们发现了这种联系是通过低级番役实现的，这种矛盾也是低级番役群体的“变质”而产生的。社会治理与政府管理出现了错位，使得朝廷在禁赌一事上落入被动的境地，嘉庆皇帝“励精图治”的美梦逐渐破碎。长此以往，帝国将会陷入恶性循环之中难以自拔，逐渐走向末路。

赌博本身就具有娱乐性和危害性，再加上从事赌博的人群身份各异，使得禁赌问题对各个时代的统治者都有着挑战性。赌博不是单一个体能够完成的活动，也不是单一群体单独享受的“特权”，当多个群体同时放到一个案件中进行考察，对于赌博问题才会有更富层次的认识。赌博是社会问题，禁赌则是政治问题，二者之间存在的关系也值得未来继续阐释。

（作者单位：山东大学尼山学堂）

“移封”，亦作“貤封”，旧时官员呈请朝廷将自己的封典（封爵名号）转封给父祖亲尊。

傅以渐其人及佚文一篇（下）

马振颖　范景华

三、新发现傅以渐佚文及句读考释

笔者近读清代掖县毛贽撰《勺亭识小录》，发现有傅以渐撰《移封左春坊左中允邑进士振凡王公暨配吕太安人合葬墓志铭》一文。〔《勺亭识小录》八卷、外集一卷，山东省图书馆藏民国十三年掖县王桂堂曝经草堂钞本。《山东文献集成》第2辑第25册收录。傅以渐该文载《勺亭识小录》卷六。毛贽，字师陆，号勺亭，莱州府学廪生，乾隆年间乡饮宾。性刚直不随流俗而力敦孝友，嗜古成癖，凡莱州之山川名胜及忠孝节烈事，必详加考订，搜罗放轶，或立传，或随手札记。乾隆三十一年（1767），编纂成《识小录》一书，未刊行，仅有稿本流传。道光年间，原稿散失。民国初年，王桂堂刻意求访，得十之七八，且凌乱不堪。王氏依其凡例，复为编辑，校正其讹误异同，称其“梓里掌故，网罗核博”，具有较高的史料价值。毛贽年八十六卒。〕“振凡王公”，即王尔扬（1566—1652），字维明，号振凡，山东掖县人，县学生员（秀才）。其孙王舜年（1620—1699），字永祺，号孝源。清顺治二年（1645）乙酉科山东乡试中举，三年（1646）丙戌科第2甲第73名进士（与傅以渐既是同科举人，又是同榜进士），选授庶吉士，散馆授编修。九年（1652），复置詹事府，下辖左、右春坊，王舜年升右春坊右中允兼内翰林国史院编修，十年（1653），转左春坊左中允。左中允、右中允，俱官阶正六品，掌记注撰文事宜。“移封”，亦作“貤封”，旧时官员呈请朝廷将自己的封典（封爵名号）转封给父祖亲尊。始于晋代，制度历代不同。明清两朝，以封典给官员本身称为“授”，给曾祖父母、祖父母、父母和妻室，存者称为“封”，已故者称为“赠”。一品官曾祖父母以下均有封典，三品以上封其祖父母以下，七品以上封其父母以下，九品以上仅予其本人。封赠的目的是“遂臣子显扬之愿，励移孝作忠之风”，即顺应臣子光宗耀祖的心愿，勉励孝子成为忠臣的风尚。顺治九年三月九日，清廷定官员封赠例。为报答祖父的养育之恩，王舜年上疏请将自己的职官移封给祖父王尔扬，因当时南方战事频仍（军国事殷），内三院的七位宰相（中堂）宁完我、额色黑、范文程、洪承畴、希福、陈名夏、陈之遴，未即代奏。王舜年心情不佳，对傅以渐等同僚说：“我辞官回家为祖父养老送终，可以吗？”（“吾且图终养，可乎？”）“邑进士”，即县学生员（秀才）。王尔扬仅是掖县附学生员（博士弟子员），光绪《掖县志》卷四《封荫》说“王尔扬，贡士（生）……”，误。“安人”，六品官命妇的封号。因王舜年于顺治十年任左春坊左中允，官阶正六品，清廷例封其妻白氏为“安人”，封赠其祖母吕氏为“太安人”，在“安人”前加一“太”字。

王尔扬生于明嘉靖四十五年（1566）九月十六日未时，卒于清顺治九年八月十七日午时，享年八十七岁，“卜以顺治十年十二月十九日合葬于（掖县）郭外古城之阳”。王舜年专程进京，请求傅以渐为其祖父母撰写合葬墓志铭。傅以渐说，他与王舜年既是同年中举，又是同榜进士，并且“共编摩者八年”（自顺治三年至顺治十年），是“契友”，是“神交”，所以义不容辞地撰写《移封左春坊左中允邑进士振凡王公暨配吕太安人合葬墓志铭》一文，时顺治十年（1653）十二月。兹将该文予以句读、考释，因水平所限，谬误难免，唯望博雅君子不吝赐教为幸！

移封左春坊左中允邑进士振凡王公暨配吕太安人合葬墓志铭

傅以渐

圣天子方以孝治天下，郊庙、徽号皆覃恩荣，及臣子之祖若父，四品而下，则有移封之例。[1]吾年友孝源公，生甫三月，严父见背。抚育教训，惟祖是赖。伯叔兄弟之俱鲜，茕茕孑立[2]，少又多病，孙与祖之互为命脉，盖今古所未有。每恸悼悲惋，思所以报我祖者，止陈情移封、捧纶归里[3]一事。祖即寿将九袠[4]（帙），幸健步善饭，疏上，察典例未果，而心辄瞿瞿[5]，体或悚悚。孝源曰："吾且图终养，可乎？"军国事殷，中堂未即代奏，而年祖之讣音至矣，此则壬辰九月初五日也。呜呼！痛孝源生不识父面，祖殁又不获见祖面，擗踊哀毁，水浆不入口者五日。余辈苦劝丧次[6]，始尝饘粥，麻绖杖归。远传其哭泣竭情，棺椁尽礼，一切家务皆从废弃。乃今专役来都谓余，知乃祖悉，求所为垂贞石[7]于地下者。

按：公讳尔扬，字维明，振凡其别号也。上世籍昌阳[8]，明初，入掖贩脂，居北关，故世称"北关王氏"。生三子：志道、志刚、志贤。贤生冲。冲生溥，好义尚贤，齿德交隆，推乡饮宾[9]。溥生玑，登天顺己卯贤书，令罗田，廉惠，载《名宦》，大学士文简毛公铭其墓。[10]子八（七）人，岳、峰盛文名，俱岁荐业成均。[11]岳登正德癸酉榜，倅常州。[12]峰司训曲阳[13]。岑为省椽（掾）。岑生潭及津，潭亦由岁荐教授广平[14]。津号山泉公，年八十余闻于朝，予冠带，常作《家训》《育婴》等说，为子孙世守。山泉公生铨、钰。铨号平轩公，善书，以府椽（掾）京考最，延书浙江。[15]生友石公，讳一松，及确山训导一栋[16]。友石入郡庠，再候食县官糈，皆为忧阻。数上棘围不第，人惜其数奇。[17]生三子：次尔任、尔陶，而振凡公居长。生当重熙累洽[18]之日，风尚华艳。公魁梧奇岸，搦管辄善属文，应童子试，有声七邑[19]。博物淹闻，经史诸子，靡不贯彻，莫不共颂谓："抑于父者，必大发于其子。"顾数不偶如其父，年二十六，始补博士弟子员。[20]其事父母温凊菽水，备极色养；[21]与弟侄析箸，物产宁取其瘠窳者；[22]乐善好施，尤笃于同宗。每收获方毕，必咨询亲族，或苦朝夕叹无褐，则赒给不厌。侄卒贫，不克举丧事，棺殓之属悉为备，仍出隙地以厝之。然自奉则俭约朴素，终其身无甘毳炫灿食服器用也，此之谓"彝伦主"[23]，此之谓"教化宗"[24]。嗟，嗟！世风不古，所在奇巧淫侈，不守高曾之矩者曷限，安得有如是简确正直？以货贿公诸天下，精察密修[25]；以笃挚还诸性命，虽不科名，声实有高于科名者矣。是以昌阳人延为塾师，敦留十载，传经析义，一以圣贤修己治人为学，循循善诱，誉髦鹊起，莱之文章遂为天下倡。而公曰："品行为大，文章其余绪耳。"不信阴阳家言，曰："术果神伊，胡不世世通显？舍天理而言地理何为？"不好医药，曰："药可与命衡？岐黄当至今在缁羽。"[26]尸尼[27]之流，尤所痛绝。为人谨厚乐易，宥其宇者，如饮醇醪而对霁月。然不为面谀，义所不可，必尽言直告。御物以宽，虽臧获[28]辈，非有大过不忍诃詈，而教子弟则严而有体。

泰昌[29]改元，公年五十五，岁将暮，孝源始生。俄而，辛酉[30]春三月，孝源之父逝矣！公恸年老丧子，伤感行路。无何，又遭母丧，柴毁骨立，周身周棺，必期诚信勿之有悔而后已。丙寅[31]，复丧偶，即今合葬之吕太安人也。戊辰，次子复不禄[32]。己巳[33]，再居父友石公忧，其痛切慎重，无所不具，亦如其丧母。嗟乎！不十载间，罹此数大戚，创痛何堪！日夕涕零，凛凛惴惴，惟恐弱孙之不得成立也。(迨)孝源九岁始从师[34]，辄能为对偶语，公稍色喜。又五年，学八比业[35]，有如题者，公批曰："吾后有人矣！何伯道之忧[36]乎？"批已，复大恸。癸未，(补)廪，公望方殷而竟停止[37]。

我朝定鼎之二年，督学房公[38]特广新恩，俾浔仍补前缺。公喜慰非常，实未尝以科第勖孝源也[39]。三世一线，爱若掌珠，至语坐立，必督以正，毋少贷[40]。尝于谶会语诸亲友曰："食廪足矣，何必乡甲广文[41]？官亦读书明效，不能为善，亦不敢为恶，世泽绵延，可以无穷。如一旦大发，或亲族暴横，或奴役纵肆，或子姓骄奢淫佚，阴骘必亏，安能久长？"是以孝源与余同榜乡荐，公谕之曰："吾不乐子联发也，未达政事，外吏非所宜。"明年，又同会试，孝源改庶常[42]，每诫之曰："俭用胜求人，且为天地惜财，为生人惜福。"孝源俸薪所积，时制冠服以献，公半置之在笥，不时御也。行却轩辖，服厌绮纨，日与耆老旧邻侣坐檐宇，谈说古今，无异寒素，遇者不知为太封翁也。大中丞贾公四塞[43]、藩参李公南居[44]、生员杨公柱明、刘公心镜等，寿皆近百，效香山洛下[45]事，结社相娱，精神甚健，孰意风烛薤露，一病不起，未获仰承敕命，解蜕与天游也哉[46]！

元配吕氏，为邑庠生承恩长女，幼习女教，婉嫕有淑德。及笄归于公，慈和孝睦，克称妇职。事舅姑竭力顺志，务得其欢，益久不懈。即析炊时，宁取瘠窳，亦其无纤毫介意，故成之也。篝灯佐读，缝衽纺绩，与伊吾（咿唔）[47]声相闻。处姊姒若昆弟，无二言。未尝几微厉色以临下，勤俭善处约，栉沐不见早曦，衣屦虽垢敝不忍弃。掖与昌阳邻里，至今效之，称闻范[48]焉。食茹蔬素，奉白衣大士[49]惟谨。一夕方寝，老妪觉之曰："比火将至，顾睡熟耶！"急起救备，所居得无恙，盖其诚感云。

公生嘉靖四十五年丙寅九月十六日未时，卒顺治九年壬辰八月十七日午时，享年八十有七。太安人生同年四月二十六日寅时，卒天启六年丙寅八月初一日[50]申时，享年六十有一。公不再娶，鳏居者二十六载。子二：长衷秀，郡庠生，娶邑庠生史公空群女，生孝源三月，即称未亡人[51]；次衷宽，娶庠生胡公献琛女，俱先公卒。女一，适京卫经历[52]鞠公良长男显宗，亦先公卒。孙一：舜年，即孝源公，乙酉举人，丙戌进士，以庶常授编修[53]，升右春坊右中允兼内翰林国史院编修，娶临清学博[54]白公镂五男郡庠生玉斑长女，衷秀出。曾孙一：堡，聘兵部左侍郎兼右副都御史巡抚天津、前刑部尚书张公忻男内翰林国史院大学士端次女[55]，舜年出。今卜以顺治十年癸巳冬十二月十九日合葬北郭外古城之阳，祔祖兆[56]。

余小子结契孝源，共编摩者八年，于兹忆公山斗[57]，匪朝伊夕，且迫欲来京师晤余，为一榜冠也，此言徒归之神交矣。呜呼，痛哉！挥泪为铭，铭之曰：

大道有真，不于显耀，而于全其为人。宁朴宁宽，终俭终贫，即昌炽非常，益怀苦辛。百年老叟，敦义完伦，是当于古人求之矣！山气嶙峋。

顺治十年十二月□日镌石。

考释

[1] 圣天子：此指顺治皇帝爱新觉罗·福临。

以孝治天下：语出《孝经·孝治章》："子曰：'昔者明王之以孝治天下也，不敢遗小国之臣，而况于公、侯、伯、子、男乎？故得万国之欢心，以事其先王。’”（见清阮元校刻：《十三经注疏》,《孝经注疏》卷四《孝治章》）顺治皇帝的陵寝曰“孝陵”，在今河北遵化清东陵。

郊庙：郊，本谓城市周围地方。亦祭祀名，周代于冬至日祭天于南郊称为“郊”。庙，祭祀祖先之所。郊庙，泛指古代天子祭祀天地祖先，亦为天子祭祀天地祖先之处所。

徽号：美好的称号，旧时专以称颂帝王及皇后。如清太祖登基，群臣上徽号称“覆育列国英明皇帝”；世祖亲政，上皇太后徽号称“昭圣慈寿皇太后”。每遇庆典，徽号可以叠加。如宋太祖徽号为“启运立极英武睿文神德圣功至明大孝”。

覃恩：覃，长，延长、延及。覃恩，即广布恩泽，多指帝王普行封赏或赦免。

移封：即“貤封”、封典。前已言及，兹不赘述。

［2］茕茕孑立：茕qióng，同“惸”，本指没有兄弟，泛指孤单无靠。李密《陈情表》：“茕茕孑立，形影相吊。”孑，单。吊，问。意谓只有影子和自己相互慰问。

［3］捧纶归里：纶，guān，皇帝的诏令。意谓王舜年手捧顺治皇帝诰封其祖父王尔扬为“右春坊右中允”的诏令返归故里。

［4］寿将九袠：袠zhì，通“秩”，十年，指王尔扬年近九十。

［5］心辄瞿瞿：瞿jù，瞿瞿，惊顾貌。此谓心情不佳。

［6］苦劝丧次：苦劝于丧次。丧次：《汉语大词典》释为“停灵治丧的地方”，不确。此丧次分明在京城，为临时举哀之所，而停灵则在老家。又丧次之设，亲疏、长幼、男女等，各有其次。所以“丧次”宜释为：行丧致哀之处所及位次。例如，《明史·礼志十三》：“既成服，皇帝素服入丧次。”《明史纪事本末》卷六十一：“（张居正）乃请在官守制，不造朝，许之。……掌院学士王锡爵径造丧次，为之解。”

［7］贞石：碑石的美称。贞，坚。立碑刊文，意在传之久远，故称碑石为“贞石”。

［8］昌阳：今山东省莱阳市。西晋置昌阳县，五代后唐改莱阳县，以莱山之阳得名，1987年改设市。

[9] 乡饮宾：乡饮酒礼的宾介。周代乡学三年业成大比，考其德行道艺优异者荐于诸侯。将行之时，由乡大夫设酒宴以宾礼相待，谓之“乡饮酒礼”。历朝沿用，亦指地方官按时在儒学举行的一种敬老仪式。清例，每年正月十五、十月初一日，举于府、厅、州、县之学宫，非齿德并尊、誉望有夙者，不得居是列。

[10] 王玑（1431—1493），字廷玉，生于明宣德六年（1431）正月十五日，父王溥，母刘氏，祖父王冲，曾祖王志贤。

登天顺己卯贤书：天顺己卯，即天顺三年（1459）。贤书，本意指举荐贤能的名单。《周礼·地官·乡大夫》：“乡老及乡大夫群吏献贤能之书于王。”后世故称乡试考中为“登贤书”。王玑于天顺三年岁次己卯乡试中举。成化九年（1473）至成化十八年（1482）任直隶肥乡（今河北省邯郸市肥乡县）知县，多惠政。

令罗田，廉惠，载《名宦》：成化二十二年（1486），王玑改任湖广罗田（今湖北省罗田县）知县。令，任县令。廉惠，为官清廉仁惠。“未逾载，政通人和，百废概举，境内翕然称治。”嘉靖《罗田县志》卷三《官师志》记载：“王玑，弘治年间任罗田知县，山东人。”光绪《罗田县志》卷三《秩官》记载同上。成化二十三年（1487），复丁母忧，自是无复仕进意。

大学士文简毛公铭其墓：毛公，即毛纪（1463—1545），字维之，号砺庵，又号鳌峰，晚号海翁。山东掖县人。明成化二十二年（1486）丙午科解元，成化二十三年（1487）丁未科第3甲第136名进士，改庶吉士。弘治二年（1489）授检讨。曾任礼部尚书兼东阁大学士、文渊阁大学士、武英殿大学士等职。武宗朱厚照多次巡幸，毛纪屡疏请回銮。嘉靖初，以议大礼不从朱厚熜之命，引病乞休。他生于天顺七年（1463）七月十七日，卒于嘉靖二十四年（1545）四月初六日，享年八十三岁，谥文简。著有《鳌峰类稿》二十六卷、《密勿稿》一卷等。弘治六年（1493）六月二十一日，王玑卒，享年六十三岁。毛纪撰《明故罗田令王君墓志铭》，载《鳌峰类稿》卷十二，国家图书馆藏明嘉靖刻本。

[11] 子八人：《明故罗田令王君墓志铭》载：王玑，配张氏，侧室詹氏，“子男七”：王崇、王岳、王峰、王岑，皆张出；王岩、王巍、王岚，皆詹

出。应以《王玑墓志铭》为是，傅以渐撰《王尔扬墓志铭》的时间是清顺治十年（1653），上距王玑逝于明弘治六年（1493）已一百六十年，误传误抄难以避免。

俱岁荐业成均：岁荐，岁贡生。成均，西周的大学。《周礼·春官》："大司乐掌成均之法，以治建国之学政。"或谓西周前已有。《礼记·文王世子》郑玄注引董仲舒曰："五帝名大学曰成均。"唐高宗时，曾改国子监曰成均监，故后人亦称国子监为成均。此指明代最高学府国子监。王岳、王峰兄弟二人，文采出众，享有盛名，俱以岁贡生入当时的最高学府国子监读书深造。

［12］岳登正德癸酉榜：正德，明武宗朱厚照的年号，正德癸酉，即正德八年（1513）岁次癸酉。光绪《掖县志》卷三《选举志》：王岳"正德癸酉举人"。

倅常州：倅，副职。光绪《掖县志·文学志》："王岳，字仰止，玑之子，由选贡登正德癸酉贤书，常州府判，负文名。"康熙《常州府志》卷十三《职官志》记载：王岳于嘉靖元年（1522）任常州府通判。同书卷二十一《名宦志》："王岳、王鹤龄俱有治声，佚其政，无考，黎衷以廉著。"通判，官阶正六品。

［13］峰司训曲阳：康熙《曲阳县新志》卷五《职官志》："训导，王峰，山东掖县人，嘉靖七年（1528）任。"光绪《掖县志》卷三《选举志》："王峰，嘉靖元年（1522）贡生，曲阳训导。"曲阳，即今河北省曲阳县，属保定市。

［14］教授广平：教授，此指训导。广平，即今河北省广平县，属邯郸市。意谓王潭由岁贡生任广平县学训导，教授诸生。而康熙、民国两部《广平县志》均无记载，傅以渐该文可以弥补其缺失。

［15］以府掾京考最：掾，属员。"橼"，误，兹纠正。最，古代考核军功或政绩时以上者为最。

廵书浙江：廵yàn，通"沿"，衔接。书，书记，古时在官府主管文书工作的人员。意谓王铨善书法，以莱州府属员参加京考，成绩优等，着分发浙江省府任书记。

［16］确山训导一栋：确山，即今河南省确山县，属驻马店市。训导，学官名。明清府、州、县学皆置，掌协助同级学官教育所属生员。而乾隆、

民国两部《确山县志》均无王一栋任确山训导之记载，傅以渐该文亦可补其遗漏。

［17］友石入郡庠：王一松，字友石，考入莱州府附学生员。

再候食县官糈：再等待考取掖县廪膳生员。《明史·选举一》记载：明洪武二年（1369），令府、州、县皆置学，府学生员四十人，州学三十人，县学二十人。师生月廪食米，每人六斗，有司给以鱼肉。后来名额增多，增多者谓之增广生员。之后名额再增，附于诸生之末，称附学生员。食廪者谓之廪膳生员，简称廪生，增广生员简称增生，附学生员简称附生。增生、附生无廪米。清沿明制，廪生每年享受四两银子的生活待遇，从府、州、县学中领取。附生是生员资历最低者。

皆为忧阻：皆因父母去世必须丁忧守制三年，不得参加考试。

棘围：棘，植物名，即酸枣，泛指有刺草木。棘围，科举时代试院的别称。试院，又名“棘院”，为防止传递作弊，围墙上都插满棘枝，使人不能爬越，故称“棘院”“棘围”。

数奇shù jī：数，气数，命运。数奇，指命运不好，遇事多不利。

［18］重熙累洽：谓累世太平昌盛。《文选·班固〈东都赋〉》：“至于永平之际，重熙而累洽。”张铣注：“熙，光明也；洽，合也。言光武既明，而明帝继之，故曰重熙累洽也。”

［19］有声七邑：七邑，指明莱州府管辖的州二、县五：掖县、平度州、潍县、昌邑县、胶州、高密县、即墨县。

［20］年二十六：王尔扬生于嘉靖四十五年（1566），至万历十九年（1591），二十六岁。是年始补博士弟子员，即考取附学生员。

［21］菽水：菽，豆类的总称。菽水，即豆和水，指最普通的食品，常用作孝养父母之情，如菽水承欢。

色养：《论语·为政》：“子夏问孝。子曰：‘色难。有事，弟子服其劳；有酒食，先生馔，曾以为孝乎？’”包咸、马融解为承顺父母颜色，郑玄以为和颜悦色是为难也。二说均可通，郑说似较长。朱熹注亦从郑说，后以指尽孝。

［22］析箸：分家。析，分开；箸，筷子。

瘠窳：瘠，瘠薄，（土地）缺少植物生长所需要的养分，不肥沃；窳yǔ，

（事物）恶劣，劣等。意谓兄弟侄子分家时，王尔扬主动取薄田及其他劣等家产，而将肥田和好的家产让给兄弟侄子。

［23］彝伦主：彝伦，即伦常，古指人与人之间的道德关系。《尚书·洪范》："我不知其彝伦攸叙。"蔡沈集传："彝，常；伦，理也。"主，主帅。意谓王尔扬是坚守纲常伦理的主帅。

［24］教化宗：教化，政教风化，教育感化。宗，宗师，指在思想或学术上受人尊崇而可奉为楷模的人物。意谓王尔扬是教书育人、化导民众的一代宗师。

［25］密修：闭关静修。《云笈七签》卷九："得者，飞行太空，能隐能藏。给玉童玉女各二人，密修即验。"

［26］岐黄：岐伯与黄帝的合称，传说是中医的始祖。古代医书《内经》多用黄帝和岐伯问答的形式写成，故后世以"岐黄"作为中医学的代称。

缁羽：辞书无解。笔者认为，缁羽应指道家、道教。缁，黑色；羽，羽士、羽客，道士的别称。道教追求长生不老，修行的最高境界是羽化升仙。缁羽，即身着黑衣的仙道之流。王尔扬不好医药，认为假如药可医得人命的话，医药之祖岐黄应当至今身在缁羽，得道成仙了。

［27］尸尼：多部工具书无"尸尼"词条。笔者认为当指信仰释迦牟尼的佛教徒。尼，尼姑，佛教中出家修行的女子。因为王尔扬属于儒家学派，故对释道持蔑视态度。

［28］臧获：奴婢。

［29］泰昌：明光宗朱常洛的年号，即公元1620年。

［30］辛酉：明天启元年（1621）岁次辛酉。

［31］丙寅：天启六年（1626）岁次丙寅。

［32］戊辰：崇祯元年（1628）岁次戊辰。次子：王尔扬与吕氏生的第二个儿子王衷宽。

不禄：死的讳称。《礼记·曲礼下》："天子死曰崩……大夫曰卒，士曰不禄。"郑玄注："不禄，不终其禄。"《国语·晋语二》："又重之以寡君之不禄。"韦昭注："士死曰不禄。礼，君死赴于它国曰：'寡君不禄。'谦也。"

［33］己巳：崇祯二年（1629）岁次己巳。

［34］（迨）孝源九岁始从师：迨，及，等到。原文孝源前缺一字。古时一般儿童六岁入私塾读书，因王舜年体弱，故王尔扬等到“弱孙”九岁时才送他入塾读书。笔者断定缺字为“迨”，故补之。

［35］学八比业：学习八股文。

［36］伯道之忧：伯道，即邓攸（？—326），字伯道。晋平阳襄陵（今山西临汾市东南）人。永嘉末，为石勒所俘，后逃至江南。东晋元帝任为吴郡太守，官至尚书右仆射。南下时曾携一子一侄，途中不能两全，乃弃子全侄，后世传为美谈。

［37］癸未：崇祯十六年（1643）岁次癸未。原文“廪”前缺一字，笔者通过研究认为应是“补”字，故补之。当时取得附生、增生资格后，还要参加学政“按临”时举行的岁试和科试，凡考列一等的都有资格“补廪”，即填补廪生的缺额，成为廪生。王舜年正积极准备参加考试以补廪生，适值李自成的农民大军与明军正在进行大决战的前夜，明王朝行将崩溃而考试停止，祖父王尔扬对其孙“补廪”期望值颇高，故言“公望方殷而竟停止”。

［38］督学房公：督学，明代提督学道、清代提督学政的简称，学官名。每省一人，按期至所属府、厅考试童生及生员。房公，即房之骐，号澹庵，直隶东明（今山东东明县）人，祖籍山东益都。明崇祯元年（1628）戊辰科第3甲第22名进士。曾任国子监博士、礼科给事中。据钱实甫《清代职官年表·学政年表》记载：房之骐于顺治元年（1644）十一月至顺治三年（1646）六月任山东学政。乾隆《东明县志》卷五《选举志》记载：房之骐官至“山东右布政使”，官阶从二品。

［39］实未尝以科第勖孝源：科第，科举登第、科举中式。勖xù，勉励。

［40］毋少贷：贷tè，通“忒”，差错，失误。《礼记·月令》：“毋有差贷。”王尔扬对王舜年要求颇严：言谈举止不要出现一点差错。

［41］乡甲广文：乡，乡试中举；甲，甲第、甲科，明清通称进士为甲科，举人为乙科。广文，即“广文先生”之类的清苦闲散官职。唐玄宗天宝九年（750）设广文馆，置博士、助教等职，时人视为清苦闲散之职。杜甫《醉时歌》：“诸公衮衮登台省，广文先生官独冷。甲第纷纷厌梁肉，广文先生饭不足。”明清两代的儒学教官，处境与广文馆博士相似，因而亦被用作别

称。王尔扬时常在谶会上对众亲友说："（舜年）能够考取廪膳生员我就心满意足了，何必再考中举人、进士，去担任那清苦闲散的教官呢？"

［42］孝源改庶常：王舜年选授为庶吉士。"庶吉士"之名源于《尚书·立政》："太史、尹伯，庶常吉士。"庶，众；常，祥；吉，善。意谓上列各官皆祥善。明置庶吉士，清因以"庶常"为庶吉士的代称。庶吉士可谓明清两朝的"最高学历"，系殿试之后从二甲三甲进士之中通过考试择优录取若干名，通常是入翰林院肄习国书三年。庶吉士出身者升官特快，明清两朝的宰相大多为庶吉士出身，所以"庶吉士始进之时，已群目为储相"（《明史·选举志三》）。钱实甫《清代职官年表·会试考官年表》记载：该科"录取傅以渐、吕缵祖、李奭棠等400名（进士）；选授庶吉士46名"。《清实录·世祖章皇帝实录》卷二五记载："赐殿试贡士傅以渐等四百名进士及第出身有差。"所谓"400名进士"，是约数，非实数。朱保炯、谢沛霖《明清进士题名碑录索引》记载：该科录取进士373人，这个数字是准确无误的，因为该书是以进士登科录与题名碑为依据编纂而成，具有毋庸置疑的准确性与权威性。王舜年考取清顺治三年（1646）丙戌科第2甲第73名进士，又选授为庶吉士，在官海生涯中跌宕起伏，虽然未至一品宰相，亦是从二品高官——山西右布政使。钱实甫《清代职官年表·布政使年表》明确记载：顺治十五年十一月五日（1658年11月29日），王舜年由赣按（即江西按察使，正三品官）迁山西右布政使，顺治十七年二月二十日（1660年3月30日）降三调，即降三级调离，任期仅一年零三个月。

［43］大中丞贾公四塞：贾毓祥，字四塞，山东平度州人，明万历三十八年（1610）庚戌科第3甲第108名进士。任山西太谷知县、河南安阳知县，政绩卓异，擢御史。巡按广西，弹劾依附魏忠贤贪赃枉法的广西巡抚，魏党将其罢官。崇祯即位后，擢升左副都御史，即御史中丞，官阶正三品，所以称之为"大中丞贾公四塞"。

［44］藩参李公南居：李之茂，字朱仲，号南居，山东掖县人。明万历四十四年（1616）丙辰科第3甲第30名进士，授河间（今河北河间市）县知县，多惠政。因父丧归，吏民攀辕卧辙者数千人。服阕，补太康（今河南太康县）知县，以循吏著称。升礼部主事，擢郎中。出任西安知府，为永寿民张壁伸

冤，张壁绘《清廉遗爱图记》以献。晋神木副使，适值李自成攻打关陕，李之茂多方守御，出奇兵驱之。陕西巡抚荐称："一尘不染，八面雄才。"崇祯召见，入与首辅温体仁议不合，迁河南驲传道，又与河南巡抚不合，遂请告归。清顺治初年，屡征不起，坐卧一小室，名曰"憩庐"，啸咏其中，人罕见其面，年九十三卒，祀乡贤。布政使别称藩台，副使别称藩参，因李之茂曾任神木副使，故称之为"藩参李公南居"。

［45］香山洛下：典出《旧唐书·白居易传》：唐文宗李昂太和三年（829）夏，"乐天始得请为太子宾客，分秩于洛下，息躬于池上"，"会昌（841—846）中，请罢太子少傅，以刑部尚书致仕，与香山僧如满结香火社，每肩舆往来，白衣鸠杖，自称'香山居士'"。香山，山名，在今河南洛阳市龙门山之东。

［46］解弢与天游：弢tāo，同"弢""韬"，本意为弓剑套。此指躯体，意谓灵魂脱离躯体升天，即死亡。

［47］与伊吾声相闻：伊吾，误，应为"咿唔"，拟声词，形容读书的声音。

［48］阃范：阃kǔn，本意为门槛，也指妇女居住的内室，借指妇女。阃范，女子的品德规范。

［49］白衣大士：白衣大士为观世音菩萨化身之一，身穿雪白的衣裳，手执杨枝净瓶，即人称白衣观世音菩萨。白衣大士的信仰在民间极其普遍，她与中土众生缘分颇深。"白衣大士神咒"是白衣大士慈悲救度众生的灵感真言。

［50］天启六年丙寅八月初一日：公元1626年9月20日。

［51］未亡人：寡妇自称，亦指寡妇。

［52］经历：官名。金于都元帅府、枢密院置经历。元枢密院、大都督府、御史台等衙署，皆有经历。明清都察院、通政使司、布政使司、按察使司等亦置经历，职掌出纳文书。

［53］编修：官名。（1）历代掌奉敕编修有关书籍的官员，又称"编修官"。宋代始置，凡修国史、实录、会要等均随时置编修官，枢密院亦有编修官，均负责编纂记述。（2）翰林院官员。元代置为翰林院属官，明清因之。多以一甲二三名进士及庶吉士留馆者充任，无定员，掌纂修、著述等事，官阶正七品。

[54] 学博：清代对州、县学官的别称。

[55] 张忻、张端：张忻（？—1658），字静之，山东掖县人，明天启五年（1625）乙丑科第3甲第118名进士。其子张端（1623—1654），字天柱，明崇祯十六年（1643）癸未科第3甲第58名进士，选授庶吉士。据《清史稿》卷二百三十八记载："张端，山东掖县人。父忻，明天启五年进士，官至刑部尚书。端，明崇祯十六年进士，改庶吉士。李自成入京师，端从忻皆降。顺治初，忻以养性荐，授天津巡抚。端亦以荐授弘文院检讨，三迁为礼部侍郎。十年，授国史院大学士。十一年，卒，赠太子太保，谥文安。忻以静海寇乱罢，后端卒。"

[56] 祔祖兆：祔，新死者祔祭于先祖。兆，墓域。

[57] 山斗：泰山北斗。

（作者单位：马振颖，兰州大学敦煌学研究所；范景华，聊城大学东昌学院图书馆编目室）

若论朱祖谋晚年改名“孝臧”，可谓诚意正心，一字千金。

清光绪初年王树汶顶凶案考论

——兼谈清末著名词人朱孝臧情浓弁敛的人生背景（下）

丁 健

七、会审中的波澜

由朝廷光绪八年（1882）九月初六日的上谕“谕内阁：梅启照、李鹤年奏，审明盗犯胡体洝临刑呼冤一案，并续获伙盗按例定拟。暨案犯程孤堆等，请暂行羁候各折片。着刑部速议具奏”〔《清实录》光绪八年（1882）壬午秋九月初六日（己丑）条〕可知，整个案件的会审一直持续到八月底才审结上报。这八个月的时间，可以看成围绕着李鹤年认定王树汶是从犯这一观点，所有办案人员不断统一认识的过程。

这八个月中，二月初十日，李鹤年上奏朝廷，请以王兆兰调补开封府知府。朝廷十九日朱批为“吏部议奏”，王兆兰接到准补开封府知府的部文是在五月份（北京荣华堂梓《大清搢绅全书》，光绪十年春）。这说明头脑清晰并参审过刺马名案的会审大臣梅启照，看过王兆兰所提供的证物俱全而周密的判罪书后，没有大的疑议，李鹤年对此非常满意。

三月二十日，御史李映上奏（《奏报河南省斩犯胡体洝临刑呼冤案请添派大员或提部研讯》，参见台北故宫博物院图书文献处军机处档折122026号）朝廷，以“该省回护原审各官处分，以两人作一人，勉强牵合赃证，皆不足据，诚恐率行结案，致成冤狱”，请求“添派大员或提部研讯”。朝廷在二十四日的上谕〔《清实录》光绪八年（1882）壬午春三月二十四日（庚戌）条〕中指出“民命至重，必应详慎研求”，要求“梅启照会同李鹤年懔遵前旨，将此案悉心研讯，务得确情，据实具奏”，并把御史李映的奏折抄给二人阅看，警告“毋得稍涉瞻徇回护，自干咎戾”。

四月十八日，梅启照将“斩犯胡体洝呼冤案现办情形”〔光绪八年（1882）四月十八日，河东河道总督梅启照《奏闻斩犯胡体海呼冤案现办情形》，朱批：“知道了，即着提集吴全等严讯确情定拟具奏。”日期为光绪八年（1882）四月二十七日。参见台北故宫博物院图书文献处军机处档折122804号〕上奏朝廷，认同了“斩犯胡体洝”实乃邓州百姓王树汶，但并未否定李鹤年认为王树汶是从犯的观点。对于真正的盗首胡体洝及其盗伙尚未捉拿归案，朝廷在二十七日的朱批中，谕令缉捕县役吴全等严讯，审定确情，定案拟罪后具奏。

六月初九日，李鹤年在参劾“庸劣不职各员”的奏折〔光绪八年（1882）六月初九日，河南巡抚李鹤年《奏报豫省庸劣不职各员请旨分别降革撤休事》，朱批日期为光绪八年（1882）六月十八日。参见台北故宫博物院图书文献处军机处档折123862号〕中，有“邓州知州朱光第，捕务废弛，嗜利营私”一句，朝廷在十八日的上谕〔《清实录》光绪八年（1882）壬午夏六月十八日（壬申）条〕中将朱光第“即行革职”。显然，“捕务废弛”确指上年朱光第未在规定时限内将王季福带到开封，本来四十天之内就可办妥的事情，竟然拖了两个多月，导致御史参劾、朝廷催促，李鹤年当然要把这笔账记到朱光第的身上。至于任恺私书的干扰，尚可一辩，但不能成为正当理由。朱光第以监生出身，光绪初年发往河南候补知州，在谳局担任审案官员。晋豫大饥之后，补授邓州知州，帮助百姓恢复生产，重建家园。尤其在缉盗安民方面正要一展才华时，却因对任恺的一纸私书处理失当而丢官罢职。他悔恨交加，一病不起，于十月初八日身故于开封侨舍，终年55岁，死后未能归葬。

朱光第被革职以后这段时间，除了陆续缉拿伙盗程孤堆和王老幺（牢夭）之外，再就是几个道员的改官也耐人寻味。八月初一日，朝廷下旨将河南河北道陈宝箴擢升为浙江按察使（光绪八年八月十九日内阁奉上谕：浙江按察使著陈宝箴补授，钦此）。八月二十四日，朝命许振祎补授河南河北道缺（光绪八年八月二十四日内阁奉上谕：河南河北道缺著许振祎补授，钦此）。九月十四日，陈彝奉旨补授为河南开归陈许道道员（光绪八年九月十四日内阁奉上谕：河南开归陈许道缺著陈彝补授，钦此）。在这一系列变动之后，麟春可以回任南汝光道，而任恺却不能回任开归陈许道了。此后任恺就杳无音信了，肯定不是免官，因为即使是对马翥等原办案官员的处分，也是在次年二月末结案以后陆续发出的。结合前述任恺的行为可知，他不会辞官，再说案子不了结也无法辞官。至于迁官、贬官或丁忧，不会后来没有音信了。不过像这样“杳无音信”的原办案官员还有一个，那就是已故的开封府知府蔡赓良。因此只有一种可能，即任恺在这段时间也身故了。

八、刑部的终审

在朝廷对梅启照、李鹤年审结的盗犯胡体浛临刑呼冤一案，谕令“刑部速议具奏”后，光绪八年（1882）九月十四日，刑部奏称：“查阅原奏，疑窦甚多，应俟供招到部，再行定拟。”〔《清实录》光绪八年（1882）壬午秋九月十四日（丁酉）条〕似此等钦发奏交要案，刑部不认可，当然不能结案。朝廷谕令“即着李鹤年将全案人证卷宗派员妥速解京，交刑部悉心研鞫。务期水落石出，毋稍枉纵”，明面上是“此案叠经御史风闻陈奏，其为舆论纠纷”，促使朝廷作出提部研讯的决策，暗地里还有各位军机大臣遍布全国的耳目传闻，而其中最全面、真实、可靠的信息应该来源于唐咸仰。

另外，当天的上谕中还有“李鹤年奏，山西河东道唐咸仰于前署河南开封府任内，承审盗犯胡体浛临刑呼冤一案，恣行胸臆，颠倒是非，种种乖谬。河东道总持盐务，恐非该员所能胜任”一段，说明了两个问题。首先是此等钦发奏交要案，朝廷还没有作出最后的判决，就连像马翥这样明显错误办案的官员还未处分，李鹤年此奏显然是不合时宜，这也是促使朝廷作出“提部研讯”决策的一个因素。其次还可体会到，李鹤年坚信自己审结的这个要案是证物俱全而周密严谨，即使朝廷还会将此案提部研讯，也无懈可击。严参错办此案的前署开封府知府唐咸仰，是自己分内的事情。这也说明他并不知道王兆兰等人背着他胁迫王树汶“诬认为从”，以及那些教供、捏供及冒认赃物等行为。

相对而言，刑部所奏“速议胡体洝临刑呼冤案，请饬查主稿具详之员，先行交部议处”〔《清实录》光绪八年（1882）壬午秋九月十七日（庚子）条〕就比较得体。谕旨为“俟定案时，声明请旨”。直到十一月下旬，在朝廷的催督〔《清实录》光绪八年（1882）壬午冬十月十五日（戊辰）条〕下，李鹤年才把全案的人证卷宗解交刑部。之后，又遵谕旨〔《清实录》光绪八年（1882）壬午冬十一月三十日（壬子）条〕派员将前镇平县知县马翥解交刑部质讯。从十二月初十日的上谕〔《清实录》光绪八年（1882）壬午冬十二月初十日（壬戌）条〕中可知，刑部已“讯明王树汶实系顶充，并非正盗。其胡体洝一犯，据县役王成德、吴全供称，拿获后被快班总役刘学汶等得赃释放。质之兵丁王得训、招书王棠阶及要证赵荣贵、事主张肯堂，均供称胡体洝实有其人，现改名在新野县当差等语”。朝廷据此确认：“此案另有正盗胡体洝，众供确凿毫无疑义，亟应严拿到案以成信谳”，谕令李鹤年立即派员“将逸盗胡体洝设法严密查拿务获，送部究办。不得以查无其人等词空言支饰，致干咎戾”。

到光绪九年（1883）正月二十六日，在上谕〔《清实录》光绪九年（1883）癸未春正月二十六日（戊申）条〕中已开始使用“河南临刑呼冤盗犯王树汶一案”这样的语句。不过，此时朝野的“眼球”已转向了以军机章京为焦点，涉及督抚大员乃至军机重臣的“云南报销案”〔谕内阁：前据御史陈启泰奏，太常寺卿周瑞清包揽云南报销。该省粮道崔尊彝、永昌府知府潘英章来京贿托。后据御史洪良品、给事中邓承修奏，以此案牵涉景廉、王文韶，先后降旨派惇亲王、阎敬铭、潘祖荫、张之万、麟书、翁同和、薛允升会同查办。兹据惇亲王等奏，查明收受津贴及说事过钱各官吏完缴赃款，仍分别从重定拟。请将失察之户部堂官及工部堂司各官、云南督抚交部分别议处各折片，并将款目开单呈览。此案崔尊彝承办云南报销，潘英章辄为代托周瑞清转属龙继栋，向孙家穆说明津贴公费银八万两。司员书吏得受银数多寡不等。虽经该部复核，所报均系应销之款。惟辗转贿托，数至盈千累万。官吏通同，朋分入己，情节较重，自应从严惩办……参见《清实录》光绪九年（1883）癸未夏五月二十九日（戊申）条〕。因此，刑部在充分领悟圣意的前提下，快刀斩乱麻，虽盗首胡体洝未被拿获归案，也于二月十二日奏准〔《清实录》光绪九年(1883)癸未春二月十二日(癸亥)条〕将“河南镇平县盗犯胡体洝临刑呼冤一案”照讯拟结。

九、最后的判决

在二月二十九日的上谕〔《清实录》光绪九年(1883)癸未春二月二十九日(庚辰)条〕中，对于刑部的定案奏结，“王树汶一犯，系被胡广得诱胁同行，逼令服役。胡广得行劫张肯堂家，令伊在旷野地方看守衣服，并未告知抢劫情由。盗犯胡体洝另有其人，经差役刘学汰等纵放，教令王树汶顶替。其程孤堆、王牢夭二犯，均系案内正盗。王树汶与胡体洝委系两人。该省官员原办错谬，覆审回护。现已审讯明确，将全案供招钞录呈览”，朝廷据此作出“程孤堆、王牢夭听从胡广得行劫，把风接赃，同恶相济，均著照所拟斩立决，即行正法。王树汶跟随胡广得服役，胡广得行劫时，代伊看守衣服，既未同谋上盗，亦未分受赃物，著照所拟杖一百，徒三年，不准减免”的最终判决。

对于具体承办此案的官员，“镇平县知县马翥初审此案，并不虚衷研鞫，辄用非刑逼供，率行定案。迨王树汶呼冤以后，又复捏词具禀，希图蒙混，实属糊涂谬妄。开封府知府王兆兰、候补知府马永修覆审此案，于王树汶呼冤之故始终并未根究，捏饰各节，一味弥缝，实属锻炼周内。王兆兰、马永修、马翥均著革职，发往军台效力赎罪。马翥据供亲老丁单，不准查办留养。候补同知臧政倬与署镇平县知县郑子侨向役吏教供，候补知县丁彦廷教地保捏供并劝事主冒认赃物，均属巧于逢迎。著一并交部议处”。此前王兆兰曾有辩诉，鉴于这些河南办案官员竟敢结伙“捏饰各节”，而刑部的审定“众供确凿，毫无疑义”。朝廷又急于结案，因此对于刑部提请按例应“钦派大臣饬提该员会同覆讯之处，著毋庸议”。

对于钦命大员、主稿官及刑部堂司各官，“河南巡抚李鹤年、河东河道总督梅启照以特旨交审要案，于王树汶冤抑不能据实平反，徒以回护属员处分，蒙混奏结。迨提京讯问，李鹤年复以毫无根据之词，哓哓置辩始终固执，实属有负委任。李鹤年、梅启照均著即行革职。前署按察使麟春于招解重囚并未详加究结，因犯未翻供即照拟勘转，前任巡抚涂宗瀛具题，均属疏忽。与随题照覆之刑部堂司各官，著一并交部分别议处察议”。

朝廷急于结案不仅是因为云南报销案涉及军机重臣，更重要的是法国军舰进攻越南（廖宗麟《中法战争史》），已迫使越南签订《顺化条约》，取得了对越南的保护权。越南是经清嘉庆皇帝册封的藩属国〔至所请以南越名国之处，该国先有越裳旧地，后有安南全壤，天朝褒赐国封。著用“越南”二字，以越字冠于上，仍其先世疆域。以南字列于下，表其新锡藩封。且在百越之南，与古所称南越不致混淆，称名既正，字义亦属吉祥，可永承天朝恩泽。参见《清实录》嘉庆八年（1803）癸亥夏四月初六日（庚午）条〕，中法两国之间面临直接对峙，正面冲突的危机日益逼近。匆匆结案，以致行劫张肯堂家的首犯胡广得是否就是胡体洝，在上谕中都没法说清楚，只能模糊地说“另片奏，镇平县等处盗风日炽……抢劫成风，皆由差役与贼勾结分赃，以致盗劫之案层见叠出。即如此案逸盗尚多，亟应严拿惩办”，却没有指名通缉大盗胡广得，说明朝廷也认为胡广得是胡体洝的化名，不能把一人当作两人来通缉。

在四月初十日的上谕〔《清实录》光绪九年（1883）癸未夏四月初十日（庚申）条〕中，对于李鹤年所辨奏“强盗案内例无看守衣服专条，请饬妥议罪名等语”，朝廷不得不“著都察院堂官会同刑部详晰妥议具奏”以示公允。运动员与裁判员之争本是胜负早定，更何况河南办案官员竟敢结伙“捏饰各节”，李鹤年难辞其咎。

在六月十五日的上谕〔《清实录》光绪九年（1883）癸未夏六月十五日（癸亥）条〕中，经署左副都御史张佩纶奏准，参与二次会审的“河南按察使豫山、前任河北道升任浙江按察使陈宝箴，均著照部议降三级调用”。到此，从原审、二审、勘劾、主稿、具题到刑部随题照复的堂司各官，还有复审和会审各官及钦命大员，受到处分的官员多达数十名。唯一的例外是朝廷于六月二十五日下旨（光绪九年六月二十五日内阁奉上谕：河南按察使著唐咸仰补授，钦此），将唐咸仰擢升为河南按察使。而刘学汰以“病故”报闻，盗首胡体洝则一直逍遥法外，不知所终。

十、定谳之背景

所谓抢劫成风、盗案迭出，不能脱离当时的历史背景。主要有两点：

一是大祲奇灾，饥民为求生而抢食，情有可原。从清光绪二年（1876）丙子起，在山西、河南、陕西、直隶、山东等省，发生了连续三年的特大旱灾，最具毁灭性的是丁丑和戊寅这两年，史称“丁戊奇荒”。灾荒导致华北地区人口大量耗减，以山西、河南两省尤甚，竟减少了三分之一，所以又称为“晋豫大饥”。灾荒期间的河南，报灾八十余州县〔《清实录》光绪三年（1877）丁丑十一月初四日（乙卯）条〕，饥民五六百万人，草根树皮剥掘殆尽，冻馁而亡者不可胜计，更有甚者，新死之人饥民亦争相残食。尽管王法森严，怎奈饥饿难当，走投无路的饥民铤而走险，乃至聚众抢粮（掠）。而本案发生在光绪五年，为灾后恢复期的第一个年头，难以幸免的瘟疫，伴随着抢劫成风、盗案迭出，就是这场悲剧落幕时的映像。

二是乱世行峻法。咸同年间，列强发捻，外患内忧皆至。咸丰五年（1855）二月，针对劫盗之案，朝廷因时立法，严定章程：强盗已行，但得财者，不分首从，俱拟斩决。其中把风接赃等犯，虽未分赃，亦系同恶相济，著照为首之罪，一律问拟。再者，凡聚众持械抢劫、凶暴众著者，无论白昼昏夜均照强盗本律，不分首从，一概拟斩〔《清实录》咸丰五年（1855）乙卯二月十七日（庚戌）条〕。

将以上两点合并考虑，除却属灾荒期间因饥饿难当争抢食物者外，只要是抢劫得财者，按律皆为死罪。也就是说，在胡广得聚众抢劫张肯堂家后，只要持有赃物而又无法澄清者，不管是否曾跟风抢劫皆为死罪。乱世行峻法，本意是除盗安良，但在大灾之后这个特定的环境下，效果却适得其反，除了逼民为匪外，又平添了那些罪不及死的冤魂。

在这种历史背景下，针对此案亦可推情准理。如果案发时王树汶已知抢劫情由，或者有把风接赃乃至得赃之行为，那么胡体洝（胡广得）肯定清楚。刘学汰也必然知晓，赃证肯定不成问题，因为用王树汶顶罪是刘与胡的共谋。这之后，按照胡体洝的指点，王树汶被刘学汰拘回县衙，他既没听说胡广得曾被拿获，也“不知胡体洝系何人”。令其顶罪胡体洝，王树汶当然不肯，非刑逼供确有其实，而威逼利诱亦赃证确凿。此时王树汶才知晓，自己虽为仆从，但按律也是同恶相济的死罪。如想不死，必须按照刘学汰的指点，顶罪胡体洝。只有这样，刘学汰才可隐匿用以胁迫他的赃证。在这种状态下，王树汶并不知道为之顶罪的胡体洝就是盗首胡广得，他必然对自己罪不至死抱有幻想。因此，在二审和勘劾时，“并无刑审，犯供与原审相同，绝无异词”（朱寿朋编《光绪朝东华录·涂宗瀛奏折》），也是合乎情理的。

王树汶得知自己将被问斩，是在秋决的前两天。他自然要喊冤，并把顶罪胡体洝之事和盘托出，署开封府知府唐咸仰也必会知晓。此时王树汶已是将死之人，但有一线生机，自会惟其命而趋之。现在看来，无论就个案还是从大局，唐咸仰当时的处置真可谓操纵得宜。也正是有这样一段经历，翻供后的王树汶，对于是否知道抢劫情由、有无把风接赃和得赃等行为，即使某些承审官员以“监毙灭口”而胁迫，其供词也未越过雷池半步，分寸把握颇为难得，最终得以重生。上述之中或有假设，但未必不近情理。

咸丰五年行此峻法之后，多有臣工奏请予以废止，均未遂。同治中后期，随着太平军和捻军的失败，晚清政府迎来了所谓的“同光中兴”。到光绪初祚，就有广开言路之旨。如针对此类案件，御史胡隆洵就有“奏请将盗犯仍复旧例，分别首从办理一折”。再者，多年来冤魂累累，最清楚的莫过于刑部。此案中刑部与李鹤年相左，也反映出人心向背以及司法向公理回归的趋势。当然，那些随题照复的堂司各官，其态度还要另当别论。而真正废止该盗犯“不分首从，一概拟斩”之法，规复“情有可原”旧制，又是十多年后的事情〔《清实录》光绪二十四年（1898）戊戌九月二十四日（甲戌）条〕了……

十一、朱光第的墓表

“王树汶顶凶案”发生在光绪五年（1879）初冬，结案于光绪九年（1883）春，历时近四年的时间。直到案发后的二十八年〔李岳瑞在《镇平王树汶之狱》一文中有“狱起，当光绪己卯，讫癸未春，始议结，今二十八年矣”

一句，说明这篇文章写于光绪三十三年（1907）。参见李岳瑞《春冰室野乘》〕，才有人专门撰文记述了该案的大概始末，文章名为《镇平王树汶之狱》。后来，作者李岳瑞将该文编入自己的野史笔记《春冰室野乘》中。李岳瑞，字孟符，陕西咸阳人。清光绪八年（1882）中举，九年连捷进士，与朱光第的长子祖谋是同科举人，同榜进士。

夏孙桐在《清故光禄大夫前礼部右侍郎朱公行状》（白敦仁《强村语业笺注》附录）中有“邓州既亲见公通籍，寻弃养”一句（此句中“邓州”指朱光第；“亲见公通籍”指听到朱祖谋乡试中举、仕途有望这个消息；“弃养”指朱光第身故），说明朱光第在身故前已得知长子祖谋乡试中举的消息。朱光第幼年孤贫，这无疑是一个差慰人意的好消息。前文提到，朱光第被革职是光绪八年（1882）六月，身故是十月初八日。父丧，按制应服斩衰三年，实际为二十五个月。守制期间，不得应考、婚嫁、从政。

可朱祖谋竟然违制欺君，于次年癸未科会试连捷传胪（二甲第一名进士），必是朱光第生前有遗命，不许家人将自己身故的消息告之。也就是说，从朱光第被革职到身故这段时间，父子二人并未见面。朱祖谋在浙江参加乡试中举后，遵父命不回开封直接进京会试，当他得知父亲身故的消息时已是在殿试连捷传胪之后。抛开违制欺君的心理压力先不说，重要的是他并不知道父亲被革职的真正原因，只是在这之后看到了任恺的那封私书，这就是朱祖谋对父亲被革职原因有所偏颇的根源所在。

朱祖谋身为长子，若得知父亲身故的消息，一定会奔丧开封，将朱光第归葬家乡浙江，并守制三年。就朱光第而言，若自己身故后归葬家乡，长子祖谋就不能进京赶考。他竟然没有仔细地权衡一下，这人生最后的一搏，仅就违制欺君这一条，长子祖谋将来又如何应对呢？较之上年，在对自己最不利的时间把王季福带到开封那件事，朱光第操切从事的性格可见一斑。

此后，朱祖谋入翰林改庶吉士，散馆授编修。光绪二十年（1894）夏，时任翰林院编修的朱祖谋丁母忧〔据缪荃孙《艺风堂日记》光绪甲午五月二日“吊朱古微太夫人”的记载，可知朱祖谋之母孙氏卒于光绪二十年（1894）夏。参见钱伟强、倦莽《朱孝臧早年行迹考》〕回籍守制。服阕还京后不久，才遣派家人（悄无声息地）移柩，将父亲朱光第归葬家乡浙江归安（今吴兴市）的埭溪镇。二十六年，义和团围攻外国使馆，董福祥部击毙日本外交官。朱祖谋上疏反对仇教开衅，朝堂之上，诤言“义和拳终不可用，董福祥终不可恃”，太后瞠目，几乎获罪。是年秋，八国联军入侵北京，西太后携光绪帝逃亡西安。次年《辛丑条约》签订后回銮，以“忠心谋国”升为内阁学士；十二月，擢礼部右侍郎。二十八年八月，以礼部右侍郎衔提督广东学政。三十一年五月，因病解职。大约在这以后，李岳瑞撰文《镇平王树汶之狱》之前，朱祖谋请好友陈三立为父亲朱光第撰写了墓表（汪兆镛编《碑传集三编》卷二十六）。陈三立，字伯严，江西义宁（今修水）人，光绪十二年进士。前述陈宝箴之长子，国学大师陈寅恪之父。

由朱光第的墓表可知，以长子祖谋之官三代皆诰赠光禄大夫。再就是对王树汶一案，有“树汶者，为镇平盗魁胡体洝厮养（犹厮役，旧称干杂事劳役的奴隶，后泛指受人驱使的奴仆），给假己名诬服（谓无辜而服罪）。然树汶邓州人，有父在。君廉得根据，足取证。开归分巡道某向守南阳，鞫是狱，闻而忧惧，亟驰书胁寝其事。君愁然，曰：‘系民命纪纲绝重，宁可徇为之耶？’质上其父。巡抚护前愎，庇分巡道嗛君，因劾罢。及狱大白，或说君宜据其私书自明，且得吐愤懑张声施，益自效于时也。君笑谢之，蹈履穷约，以此自终。享年五十五，光绪八年十月初八日卒于开封侨舍”一段文字，对于任恺的私书以及朱光第身故的确切时间都是首次披露。

其中，“前愎”指李鹤年认定王树汶是从犯。“分巡道”是指朱光第被革职时，任恺在南汝光道这个位置上。“嗛君”意指朱光第认为自己被革职与上官任恺衔恨有关，虽然他无法证实，但这种说法有其合理性。另外，还要注意的是“及狱大白”时，朱光第已身故数月。因此，“或说君宜据其私书自明”中的“君”字混含了其长子朱祖谋。这证明了对于李鹤年参劾“邓州知州朱光第捕务废弛”，只有确指王树汶一案，才有可能“据其私书自明”。任恺私书的具体内容只有朱光第及其家人看过，甚至连陈三立也不知道，但朱氏父子没有这样做。后来，在《清史稿·循吏传》以及陈三立在1931年后为朱祖谋所撰的墓志铭（汪兆镛编《碑传集三编》卷八）中，都出现了朱光第“为上官摭他事劾去”一句，显然是同出一源，并非无为而自成，与本文的考论相悖。

十二、朱孝臧的忠孝

墓表中朱光第身故的确切时间，等于公布了朱祖谋于守孝期间违制参加会试，躐取功名，为世人所不齿。因此，朱祖谋在为官时，素性恬淡，个性内敛，而盱衡事变，忧念极深。溯端竟委揣情，其乃子为父隐，而非贪位慕禄。在朱祖谋心中，“不忠不孝”四字犹如泰山压顶，难伸之隐耿耿在心。他平日束身自好，足迹稀至朝贵之门。交游所深契者，多清望劭闻、贞介不苟之士。也许正是缘此，才成就了这位工书法擅行楷的清末词坛泰斗，塑造出他恬淡无欲而情浓弇敛的人生。

前文述及，陈宝箴之官河南河北道时，朱光第为河南邓州知州，陈朱两家可谓世交。墓表中公布朱光第身故的确切时间，必由朱祖谋授意所为。再者，朱祖谋身故后的墓志铭也是陈三立所撰，开篇首句云：“公讳祖谋，原名孝臧，字古微，号沤尹，又号彊村，晚年仍用原名。”“臧”字意有多重，有评论好坏之意，还有内脏、收藏、奴仆等含意。若论朱祖谋晚年改名“孝臧”，可谓诚意正心，一字千金。只有像他这样的词坛泰斗，才能用“孝臧”二字概括自己的一生，独到而精辟。如是原名，这样的巧合几乎是不可能的。朱祖谋宦途二十余年，养家奉母，负重含污；齐家为国，诤言无忌。去官之后，孝思不匮，抱诚守真。诚为忠本，情为孝根，何谓不忠？何谓不孝？这是对传统礼教、忠孝制度的冲击……

综上所述，王树汶一案过去二十多年后，才有人专门撰文记述了该案的大概始末。动力来源于清末著名词人朱孝臧，这一案件导致他父子两代人的命运发生转折，自己则终生承受着巨大的心理压力。而其好友陈三立暨同年李岳瑞所撰之文，有助其“吐愤懑张声施”之嫌，难免偏颇。因此，针对陈三立与李岳瑞所撰之文，汲清史中更为可靠的资料，去伪存真，考论相辅，以期恢复这段历史的本来面貌。

在近代民族国家的概念下，国家有明确的边界，这个边界既是国家边界也是民族边界。

芮逸夫：中国人类学研究的先驱

——史语所才俊谱（二十五）

吕兰海

在中国近现代学术史上，1928年成立的中央研究院历史语言研究所是绝对不容忽视的学术重镇。史语所最为人所熟知的是其历史学、语言学和考古学研究，三个领域分别以民国时期的学术大家陈寅恪、赵元任和李济为带头人，专职人员有岑仲勉、劳榦、李方桂、罗常培、徐中舒、董作宾等，研究队伍极盛一时。相比而言，史语所的人类学研究在当今学术界受到的关注远不如上述三个领域，但从学术本身来看，其人类学研究的丰硕成果及做出的贡献毫不逊色于其他学科。回溯民国时期史语所的人类学研究，凌纯声和芮逸夫是不可绕过的两位学者，二位先生是中国人类学和民族学的开拓者，是中国田野调查研究的探索者，是史语所人类学组的“双璧”。

凌纯声和芮逸夫都是江苏人，并且早年都在东南大学（前身为南京高等师范学校，其后改为国立中央大学）接受教育，但两人走上人类学研究道路的历程截然不同。凌纯声1924年毕业于东南大学教育系，1926年被公派到法国巴黎大学留学，专门研究人类学与民族学，并在巴黎大学取得博士学位。他的导师是法国著名人类学家马塞尔·莫斯（Marcel Mauss），学成归国后，历任中央研究院历史语言研究所研究员、民族学组主任、边疆教育馆馆长等职务。相比之下，芮逸夫的学术道路则走得比较曲折，可以说是自学成才。芮逸夫于1898年出生，1926年就读于东南大学外交系，1927年由于学校解散而被迫离校。芮氏在大学读书期间受到当时民族主义和科学研究的理论思潮影响，开始从事民族学的田野调查工作，“立定意志要终身从事民族学的实地研究工作，并多方搜集材料，研读有关著作”（李亦园、乔健合编《中国的民族、社会与文化》）。1929年，芮逸夫任清华大学图书馆编目。1930年，一个偶然的机会让芮逸夫的学问有了用武之地。当时凌纯声受中央研究院社会科学研究所之托，正在进行松花江下游赫哲族的民族学调查研究，需要一位从事赫哲族语言记录的助手，有人向他推荐芮逸夫，于是凌纯声就请芮逸夫协助整理赫哲族的语言数据。从此刻起，芮逸夫正式走上了研究人类学和民族学的道路。

史语所生涯

1930年，芮逸夫接受中央研究院聘书，随凌纯声前往东北地区对赫哲族进行田野调查。1931年，芮逸夫正式就职中研院，受聘为社会科学研究所民族学组的助理员。1934年，社会科学研究所民族学组并入史语所，成为该所的人类学组。从这一年起，芮逸夫始终在史语所从事人类学和民族学研究，未尝间断，辛勤耕耘五十年之久。回顾芮逸夫在史语所的学术生涯，其对我国西南地区苗族的田野调查、对“中华国族”概念的探讨和对亲属称谓制度的分析最引人注目。

在社会科学研究所民族学组任助理员期间，芮逸夫与凌纯声、勇士衡（负责测绘和摄影的技术员）深入湘西南凤凰、乾城（今吉首）、永绥（今花垣）三县，进行了历时三个月的湘西苗族考察，写成《湘西苗族调查报告》一书，列中央研究院历史语言研究所单刊甲种之十八，于1947年由商务印书馆出版。该书是我国取材于湘西苗区的民族学处女作，是自日本人鸟居龙藏1907年出版的《苗族调查报告》之后研究苗族的又一重要成果，“而其成就又远远超过鸟居氏而上之”（胡庆均《〈湘西苗族调查报告〉书评》）。1934年，芮逸夫与凌纯声前往浙江白门、丽水、青田等地，对当地的畲族居民进行了为期两个月的考察。史语所人类学组成立后，两人又受云南省政府的邀请，与该省合作进行云南省内的民族调查。于是，自1934年12月起，芮逸夫、凌纯声和勇士衡去往大理、保山、河口、墨江、开远、蒙自、腾冲一带考察边民的生活习俗。1935年，史语所人类学组受国民政府外交部邀请，参与中英滇缅南段界务勘测工作。于是，自1935年11月至1936年4月，芮逸夫、凌纯声等人在滇缅边境的孟定、耿马、孟连、班洪、班老、南大、双江、澜沧、西盟等地考察，“探索、识别中缅边界地区各个民族的分布”（王明珂《寻访凌纯声、芮逸夫两先生的足迹：史语所早期中国西南民族调查的回顾》）。全面抗战爆发后，史语所先在1937年秋迁到湖南长沙，又于1938年春迁往昆明，此后因战火逼近，1940年秋迁到四川南溪县的李庄。在这期间，芮逸夫并未停止对西南民族的调查，但不算系统，没有进行深入的人类学、民族学研究。直到史语所在李庄安定之后，系统的田野调查才得以继续。芮逸夫与胡庆均于1942年12月至1943年5月到四川南部叙永对当地苗族的考察是一项较具人类学意义的田野调查。这次调查的成果是芮逸夫与管东贵合编的《川南鸦雀苗的婚丧礼俗·资料之部》一书，于1962年由史语所出版。芮逸夫通过长时间的田野调查工作，完成了民族学者的“入门仪式”，为他进行更进一步的理论思考奠定了基础。在进行具体田野调查的同时，芮逸夫也开始了对“中华国族”这个综合问题的思考。

在川南李庄工作期间，芮逸夫发表了一系列有关“中华国族”及其相关问题的文章，包括《中华国族解》《中华国族的支派及其分布》《再论中华国族的支派及其分布》《西南民族的语言问题》《西南少数民族虫兽偏旁命名考》等。在《中华国族解》一文中，作者对“中华国族”的概念进行了说明：“我尝以为中华国族、中华民族和中华国家三个称谓可以说是‘三位一体’。但称说起来却也有分际。和种族为生物学及人种学上的名词一样，‘民族’为社会学及民族学或文化人类学上的名词，‘国家’为政治学及法律学上的名词。换句话说，即由社会的及文化的观点来说，应称中华民族；由政治的及法律的观点来说，应称中华国家。而中华国族则为兼由社会的、文化的及政治的、法律的种种观点而称说的名词。所以中华国族的第一义，我们可以省作中华国家和中华民族联成的一个复合词的简称解。”另外，作者还从地域、人种、语言、文化四方面去详细分析中华民族的含义，总结说：“我中华国族在上述四种意义上都是多元的，领土兼具多种地形，人种混凝多种族类，语言包含多数支系，文化融合多数特质。然此种种，早已混合同化，而归于一。秦汉的统一，是我国族的初步形成……两宋时辽金的南侵，而东胡、女真种人同化于我；后来蒙古、满洲先后以武力主宰中原，然终被华化；而各各成为今日中华国族的重要成份。正如江、汉之不辞细流，所以能成中华国族之大。"芮逸夫的观点与近代"民族国家"观念相符合，"表现他多年来从事民族调查与研究的一种最终关怀——建构中华国族之内涵，并刻画其边缘"(《寻访凌纯声、芮逸夫两先生的足迹：史语所早期中国西南民族调查的回顾》)。在帝制时期，中国的疆域概念十分模糊，认为"普天之下，莫非王土；率土之滨，莫非王臣"。但是，在近代民族国家的概念下，国家有明确的边界，这个边界既是国家边界也是民族边界。由此，我们可以理解芮逸夫等人研究的意义何在，即是将帝制时期生活的边疆的、被管辖和控制的"异族"转变为中华国族内的民族成员。

对亲属称谓制度的分析是芮逸夫在1946年至1949年的研究重点，他把现代文化人类学的理论与概念，运用于我国古代亲属称谓制度的分析中，发表了《伯叔姨舅姑考——兼论中国亲属称谓制的演变》《苗语释亲》《释甥之称谓》《中国亲族称谓制的演变及其与家族组织之相关性》《九族制与尔雅释亲》《尔雅释亲补正》等文章。在《伯叔姨舅姑考——兼论中国亲属称谓制的演变》一文中，作者对中国古代与现代亲属称谓制的差异提出了自己的认识："惟在行辈和直旁两方面的表现，古今恰恰相反。在古代重行辈之分，不重直旁之别；近代则重直旁之别，而不重行辈之分。分行辈，即所以分尊卑；别直旁，即所以别亲疏。这种行辈或尊亲之分，和直旁或亲疏之别，正是近代人类学者分类亲属称谓制的主要标准。"此外，作者还对中国亲属称谓制的演变进行了总结："中国亲属称谓制度最初可能是行辈型，大概和初民的队群组织有关；其次演变而为二分合并型，大致和外婚的氏族组织有关；再次演变而为二分旁系型，显然和大家族组织有关；将来也许有演变为直系型的可能，似乎和小家族组织的趋势有关。"芮逸夫有关亲属称谓制演变的探讨，对研究我国上古时期的社会以及家族或家庭变迁的历史具有重要意义。有学者评价说："芮先生对中国古代及现代亲属称谓制，以及称谓制的理论的潜心探讨，却最为专业文化人类学所推崇，在国际上享有很高的声望。"(《中国的民族、

社会与文化》）

1950年初，芮逸夫随史语所迁往台湾，开启了另一段学术历程。在台前期，芮逸夫与台湾当地的民族学者合作对台湾的土著民族进行了一系列田野调查，并发表了多篇论文，包括《瑞岩泰耶鲁族的亲子联名制与僰倮么些之父子联名制比观》《瑞岩泰耶鲁族亲属制初探》《台湾土著各族划一命名拟议》等。在台后期，芮逸夫主持"廿三种正史及清史中各族史料汇编"的编辑工作，并于1973年出版《廿三种正史及清史中各族史料汇编及引得》（全五册），为边疆民族研究提供了一个完整的基础资料。

治学旨趣与人生态度

芮逸夫最初进入人类学研究大门的钥匙是由凌纯声提供的，20世纪30年代所进行的田野调查也是在凌氏的指导下进行的。可以说，凌纯声是芮逸夫学术生涯的引路人。但是，芮逸夫在长期的田野调查实践过程中摸索出了自己的治学理路，且与凌纯声的学术主张有很大不同。据曾同时受教于两位先生的乔健回忆："凌先生的学术视野非常宏阔，按李亦园先生的说法，是受到了欧陆史派人类学文化史观的影响。而芮先生跟凌先生正好相反，他是非常小心谨慎的一个人，在学术上比较偏向于以伯厄斯（Boas）为代表的美国学派。因此，芮先生讲课没有什么太多的大理论，而是非常强调调查研究的方法，强调以实证和用事实来说明问题。"（《乔健口述史》）芮逸夫的这一治学取向与史语所创始人傅斯年重视材料、强调实证的主张颇为契合，即在理论和材料孰先孰后这一问题上，傅斯年和芮逸夫都倾向于将材料排在第一位。在《廿三种正史及清史中各族史料汇编及引得》一书的序言中，芮逸夫说："笔者一向主张把田野工作的透视带到图书馆中，以便充分利用历史上资料与民族志资料相互参稽，由人类学者与历史学者彼此启发的认知潜能，探究各族的起源、播迁、繁衍、兴衰的因由，俾可阐明各族与历朝统治民族相互间的关系，及其在发展过程中所发生的问题与各种解决策略的得失，并可验证人类学上有关民族接触、文化涵化、与社会变迁的理论。"由此可见，芮逸夫虽强调材料重要性，但并不只是"动手动脚找东西"，也注意对学术研究进行理论和方法上的思考。他从人类学家的视角出发，主张历史学和人类学相结合，提出“历史文献与田野调查材料相结合以验证人类学理论”的观点，极具启发性。对此，李亦园评价说：芮逸夫先生“企图融合人类学与史学于一炉，实为我国学术界开创了新的学术途径”（《中国的民族、社会与文化》）。

对照当下学术界的发展状况，更可发现芮逸夫的真知灼见。目前，历史学和人类学的关系越来越紧密，并且诞生了两者之间的交叉学科——历史人类学。近年来，历史人类学研究取得了诸多成果，颇为学界所关注，大有成为历史研究中的显学之势。如今在国际史学界大行其道的“新文化史”受人类学的影响非常深刻，“新文化史”的许多代表人物，如娜塔莉·戴维斯、罗伯特·达恩顿都在书中提到人类学家格尔茨（Geertz）对他们的研究有重要影响。在国内历史学界，人类学和历史学相结合的研究成果也受到学界瞩目，我国从事历史人类学研究的学者大多以华南地区为研究对象，因此他们也被学界称为“华南学派”。“华南学派”学者们的研究正是芮逸夫“历史文献与田野调查材料相结合”主张的实践，该领域所取得的累累硕果就是证明这一观点合理性和科学性的有力证据。

在芮逸夫的一生中，朴素节俭、淡泊宁静的生活态度贯穿始终。曾受业于芮先生的周龙回忆说：“最后一次回台湾看望芮先生，他从丛林似的堆满书籍的书架中转出来，很高兴地双手握着我的手，又亲自去泡了一杯茶给我，用那种搪瓷的大杯子。这使我深深感到，芮先生还是像抗战时期在大后方一样，过着简朴无华的生活，淡泊名利，与人无忤，给学生的是无限的亲切与关怀。”（周龙《怀念芮逸夫老师》）尽管如此，芮逸夫还是一位富有生活乐趣的人。1930年代，在对我国西南诸民族进行田野考察时，爱好摄影的芮逸夫拍摄了很多风景和人物照片，并与当地居民建立了很好的关系。2007年台湾学者王明珂前往四川叙永，寻访芮逸夫等人当年的足迹，期间访问一位当地居民，这位居民说：“他的父亲古元生，生前最爱提及的往事便是曾经跟随芮逸夫先生学习。”迁到台湾后，除了继续在史语所任研究员，芮逸夫还在台湾大学考古人类学系任教授，为中国人类学培养人才。芮逸夫的学生乔健回忆说：“我记得他家院子里有一棵很好的番石榴树。每年番石榴熟了的时候，芮先生都会邀请同学们去他家里聚会。大家把新鲜的番石榴从树上采下来，一边品尝，一边聊天，每年都过得很热闹。”（《乔健口述史》）芮逸夫晚年仍然每天坚持活动身体，学生周龙有次前来看望他，他对周龙说自己一直在做一种德国传来的八段锦，数十年未曾间断。他能够活到九十多岁，与每天坚持锻炼不无关系。

芮逸夫自1930年与人类学结缘，此后一直在这一领域辛勤耕耘，从未离开。其对我国西南少数民族的田野调查、关于“中华国族”及其相关问题的思考、对我国亲属称谓制演变的分析、用人类学的方法研究古史的探索、主持“廿三种正史及清史中各族史料汇编”的编撰等工作对学术界贡献极大。在兼任台湾大学考古人类学系主任期间，芮逸夫以极大的热情投入教学当中，为我国的人类学研究培养了一批优秀学者，并成为学生口中的“可爱的芮老师”。

（作者单位：山东大学儒学高等研究院）

如果去读《庄子》，就会发现自己的境界在不断提升，自己也会变得愈加谦逊。

李致亿老师访谈录（下）

吴世林　吴雪菡　叶泳妍等整理

问：您说您喜欢孟子和庄子的思想，请问您觉得孟子和庄子最值得重视的思想是什么呢？

李：孟子最大的贡献就是提出了“性善说”。有些人反对，甚至批判“性善说”，也有人虽然不相信“性善说”，却认为“性善说”作为一种教化、统治人的手段，要对其加以肯定。但是，如果我们深入地去看孟子的思想，不难发现，所谓的“性善说”既不是空话，也不是一种教化或统治人的手段。我在日本伦理研究所时所负责的研究主题就是“对以性善说为基础的人类本性和情感的研究”。我作为学者，需要按照逻辑来证明“性善说”，而不是一味地去信奉它，但不得不说这方面的研究可能需要花费相当长的时间。

我喜欢庄子思想是因为，他的思想是一种浩荡不羁、自由奔放的高度的精神境界。儒家思想的确是带有很强的规范人的色彩，而庄子则是主张解放规范和束缚。如果我是一名儒学者，我觉得应该去学习和包容老庄思想。通过对老庄思想的学习，可以对儒学有一个更加深入、更宽广的理解，老庄思想中的人际观更是满足了当代社会的需求。庄子认为，人类既可以到达一种无限高的境界，但也和其他动植物在价值观方面没有什么不同。这种两重性的确十分有意思。如果去读《庄子》，就会发现自己的境界在不断提升，自己也会变得愈加谦逊。

问：您能够掌握韩语、日语、英语以及汉语等多种语言，这带给您了世界眼光和国际视野，这种文化背景给您的学习和工作带来了哪些优势？您能不能和我们分享一下学习多种语言的经验？掌握多种语言对您研究儒学有什么帮助？

李：因为我本科在日本毕业，所以日语没有问题，但很难说我还掌握了英语和汉语。英语是在学校学到的，也就是达到能够读懂文本的程度。而汉语现在正在努力学习，但学习语言能力与二十岁时相比差了好多，学的速度很慢。

会多种语言的语言专家有很多，我实在没有资格说什么称得上是“经验”之类的话。如果非说是经验，我认为，如果有机会，就一定要努力，不要错过机会。并不是说到外国生活，外语能力就能够自然而然地提高，还是得看自己努力的程度。即使不去当地学习外语，只要坚持，语言实力也一定会提高。

一般来说，过了四十岁，学外语就是一件不容易的事情。首先，学习能力会下降。但尽管如此，我现在依旧努力地在学习汉语，这是因为可以用外语沟通是十分受益的。除了方便寻找工作之外，还有更大的益处，比如可以开阔面向全球的视野。

现在是全球化时代，国家与国家之间的界限逐渐变得模糊，不再是以往国家之间相互警戒和敌视的时代，一个与国籍无关、更亲近的时代即将到来。当然，随着翻译技术的发展，今后也有可能会迎来无须再学习外语的时代。尽管如此，为什么说掌握一门外语还是比较好呢？这是因为，要想成为真正的朋友，首先自己要掌握和使用这个国家的语言。当然，这可能也存在学术性讨论的余地。但不可否认的是，如果缺乏语言沟通，即使来往频繁，也很难形成国际化社会。

问：您在中国以及日本都有过交流访学经历，能不能对此做简要介绍？这些经历中是否有些重要事件对您产生了某种影响呢？

李：与长期居住在国外的人相比，我在国外的时间并不长，在国外生活了一二十年的人也不少。我来中国的时间还不到几个月，在日本的时间虽然不短，但因为我从小大部分时间都只是在学校度过，所以对于学校以外的其他事物我也不是很了解。如果说几点留学生活中学到的东西，那么与其他离开熟悉的祖国，在异国他乡生活的大多人一样，可能更多的是培养了自己的自立能力。另一方面，通过与日本人、中国人以及其他许多外国人进行交流，加强了对他们的理解，从而也懂得了所谓人类是一个大整体的爱的感觉。

问：您的足迹遍涉韩日中三国，也读过韩日中很多书籍。在您的认知和经历里，韩日中三国在文化上有哪些共同点和不同点？对于儒家学说的理解和儒学与现实的融合在中日韩三国呈现出怎样的差异？韩、日、中三国同属东亚文化圈，在地理及历史上一衣带水，关系密切，只是近代以来才产生了较大的文化差距。您认为这三个国家现在在文化上有什么可以互补和相互促进的地方？

李：各文化都有自己的价值，只要不违背普遍的“仁爱”精神，都应该受到尊重。虽然韩中日都属于儒教文化圈，但在日本，儒教文化实际上对普通人的生活没有产生太大影响。日本在精神上受到佛教和信徒的影响，物质文明接近西方。他们的日常生活是把西方人的生活方式发展成日本的。至今为止，以我对中国的印象，我认为中国的生活方式距离儒学也很遥远。当然，在韩国，儒教文化的影响同样也已经大为减色。虽然从外部来看，中日韩三国非常相似，但如果深入内部，就不难发现它们是完全不同的。这就如同，虽然我们不能以西方人的面孔和服装区分他们是哪个国家的人，但对于中日韩三国的国民，仅凭外貌就能大致分辨出他们的国籍。

但是，并不是以此就说现代的生活方式不具有太大的价值。这是一种无可奈何的时代潮流。与其他文明的沟通越来越多，越来越全球化，文化也越来越统一。我们不能固守儒教文化，也不能那样做。如果儒教真的成为人类在追求幸福，以及维护人类和平所必不可少的思想，那么我相信儒学会永远持续下去。因此，研究人员真正应该做的事情不是埋头研究如何保存儒教，而是应该考虑如何利用儒教对人类的幸福和和平做出贡献。

问：成均馆以前是朝鲜的最高学府，您可以介绍一下成均馆的来历以及它所担任的职能吗？当年李退溪先生也曾在成均馆进行过学习，您的硕士和博士都是在成均馆大学儒学科读的，您是否有什么特别的体验呢？

李：首先，我先简单介绍一下成均馆。成均馆就类似于北京的国子监，是朝鲜时代聚集国家最优秀的人才研究学问的最高教育机构。成均馆内有供奉孔子和各位先贤牌位的大成殿，以及研究学问的明伦堂。明伦堂后边是收藏书籍的藏书阁，以及保存六艺装备的仓库——六艺阁。在明伦堂的两侧立着两栋楼，这些都是学生的宿舍——养贤斋。朝鲜时代的大部分儒学家基本都曾来过这里，有退溪、栗谷、茶山等。

在1946年成立成均馆大学之后，养贤斋就一直被用作学生宿舍。儒学科中成绩优秀的本科生和研究生可获得立斋奖学金。当然，使用古代建筑也有不便之处。两人共住一间小屋，但我觉得还好。据说在朝鲜时代，每个房间曾住过六人。事实上，在不随意活动、仅仅睡觉的前提下，房间最多可容纳四人。即使是朝鲜时代的人们比现代人瘦，也是无法睡六个人的。这个古建筑现在勉强可以通电，空调就更不用想了，夏天就只能忍着暑热度过。冬天虽然地板供暖，但是透过窗户吹进来的寒风也不容小觑。房间里没有浴室，公用浴室和卫生间离得远，导致冬天洗完后冷，夏天洗完后又出汗。

在养贤斋的生活虽然有许多不便之处，但我认为是非常愉快和有意义的。首先，能够在这样一个可以体验退溪等先贤踪迹的拥有悠久历史的地方学习，是一件特别而又让人心怀感激的事情。这是因为它延续了朝鲜时代儒生们的历史。无论在哪里，我们都会因自己为六百年前成均馆儒生们的后裔而感到自豪。除此之外，正是这样一个有特殊历史的地方，才更加激励我去埋头学习，甚至偶尔感觉自己回到了朝鲜时代，自己成了一名儒生。

问：现在成均馆依然保存在成均馆大学内，并对外开放，还有很多人在成均馆举行古朝鲜的婚礼，依然发挥着很重要的作用，您怎么看待现在的成均馆？

李：事实上，当时的成均馆不同于如今的成均馆大学。当今的成均馆大学可以说是一所延续成均馆命脉的现代化教育机构，而朝鲜时代的成均馆作为儒学家团体组织，从法律上来说属于一个宗教团体。成均馆大学和成均馆是完全不同的两个机构，领导和组成人员都各不相同。成均馆的古代建筑被指定为国家文物，成均馆大学和成均馆可共同使用。

仅在十多年前，成均馆的古建筑还被成均馆的大学校作为儒学院的学生宿舍来使用，在成均馆举行各种仪式。传统婚礼就是其中之一。其实成均馆最大的典礼就是在每年的春天和秋天举行孔子祭祀仪式，也就是所谓的奉行“释奠”。除此之外，每月的第一天和第十五天，以成均馆馆长为中心在大成殿进香。这种传统还在继续。但传统婚礼最初并不在成均馆举行。进入现代，为了保留传统文化，才开始在成均馆举行传统婚礼。事实上，对此我并不是十分赞同。因为成均馆是一所学校，而非私人空间。但是，因为诸多事由，我也曾不得已在成均馆举行过传统婚礼，这说起来也真是讽刺。现在，为了保护文化遗产，成均馆已经不再被作为宿舍或举行传统婚礼的场所。我个人的看法还是希望保持学校的传统，让它真正成为一个学生们可以学习的地方。

问：您在大邱韩医大学、京东大学、诚信女子大学、成均馆大学等处都担任过教职和研究员，教授过外国语文学、伦理学以及东亚哲学。对于这段丰富的经历，您有什么体味？

李：说实话，我并没有什么所谓的丰富经验，目前也只是处于韩国博士普遍经历的代课老师阶段。但是，也正是得益于辗转多个学校、教授各式各样的学生的经历，让我所学颇多。

问：在您的求学经历中，有哪些师长、学友对您产生了较大影响？

李：我学习生涯中最大的幸运，就是遇到了一位好的指导教授。我能够走到今天，我的指导教授的影响是很大的。我的指导教授——李基东教授不仅在学问上特别出色，在生活方面，也具有将自己所学付诸实践的典型“过去的儒学者”的面貌。但这并不是指令人郁闷的原则主义者或道德主义者，而是一位涉足“老庄思想”“佛教”“基督教”等哲学思想以及宗教并从中寻找真理的“开放者”。因为他的影响，我也一直坚信所有的哲学和宗教都通往一条道路。

但是，缘分是一种非常奇妙的东西。我研究生的指导老师李基东教授是我本科指导老师高桥进教授最爱惜的学生。高桥进教授曾是李教授在日本留学时的指导教授，李教授非常尊敬高桥教授。高桥教授同样也致力于将自己广阔、深远的学识和自身所学落实到实践中。像高桥教授这样一位优秀的学者却成了我的本科指导老师，对此我感到十分荣幸。我认识李教授也是得益于高桥教授。不管怎么说，正是这样一种奇妙的缘分，让我蒙受了许多优秀老师的恩德。

（作者单位：山东大学儒学高等研究院）

“海市蜃楼”“山市蜃景”“沙市蜃楼”都是地球上物体反射的光经大气折射而形成的虚像。

天降异物及其深层次意义（三）

徐传武　黄海莲

古籍曾经记载，在海洋湖泊边岸，由于光线的反射和折射，空中或地面会出现虚幻的楼台城郭。这种自然现象是地球上物体反射的光经大气折射而形成的虚像，古人归因于蛟龙之属的大蜃，认为其吐气而成楼台城郭，因而称“海市蜃楼”。《史记·天官书》：“海旁蜃气像楼台，广野气成宫阙然。”唐张文《气赋》：“虹楼隐于云际，蜃阁浮于海边。”元乔吉《水仙子·德清长桥》曲：“青天白日见楼台，赤蜃浮光海市开。”清魏秀仁《花月痕》第三回：“黄昏蜃气忽成楼，怪雨盲风引客舟。”山东蓬莱海面上常出现这种幻景。

与“海市蜃楼”相似的是，在山野中，由于光线的反射和折射，空中或地面也会出现虚幻的楼台城郭，也是地球上物体反射的光经大气折射而形成的虚像，或名为“山市蜃景”。明天启《东安县志》卷一：“（嘉靖二十九年）正月，日未出，民望见东乡何家庄有城郭楼台出现，日出乃隐。二月间，北隐村民望见城楼，日出乃隐。如是者三五次。”清康熙《永寿县志》卷六：“（嘉靖三十九年）异雾见，城西武亭河口穴中出白雾，俄然结成人马形，有乘马者，有步行者，宛然如生。”这里描述的应该也是“山市蜃景”的景象。清代蒲松龄写过一篇《山市》也是写的“山市蜃景”：

> 孙公子禹年，与同人饮楼上，忽见山头有孤塔耸起，高插青冥，相顾惊疑，念近中无此禅院。无何，见宫殿数十所，碧瓦飞甍，始悟为山

市。未几高垣睥睨，连亘六七里，居然城郭矣。中有楼若者、堂若者、坊若者，历历在目，以亿万计。忽大风起，尘气莽莽然，城市依稀而已。既而风定天清，一切乌有，惟危楼一座，直接霄汉。楼五架窗扉皆洞开，一行有五点明处，楼外天也。层层指数：楼愈高则明渐小；数至八层，裁如星点，又其上则黯然缥缈，不可计其层次矣。而楼上人往来屑屑，或凭或立，不一状。逾时楼渐低，可见其顶，又渐如常楼，又渐如高舍；倏忽如拳如豆，遂不可见。又闻有早行者，见山上人烟市肆，与世无别，故又名“鬼市”云。

与“海市蜃楼”相似的是，在沙漠中，由于光线的反射和折射，空中或沙地也会出现虚幻的楼台城郭，也是地球上物体反射的光经大气折射而形成的虚像，或名为“沙市蜃楼”。今人有篇《沙市蜃楼》的散文写道：

沙漠里的气候是早晨旭日当头，晴空如洗，微风萧萧，沙尘不起，可是，天刚过午，就会突然阳光隐曜，天昏地暗，大漠扬尘，飞沙走石，或者，原本是亮晃晃的大晴天，眨眼间一块黑云飞来就天地如墨，伸手不见五指了。紧随着大风挟着暴雨，倾缸倾瓮地当头倒下来，这时候的感觉是，人类在老天爷面前实在是太渺小太可怜了。可是，也就是在这沙漠里可遇而不可求的暴雨之后，沙漠奇景“沙市蜃楼”往往就会横空出现，让人大开一回眼界。当然，这是难遇难求的机缘，而我就有幸，就遇上了这么一回机缘，开了这么一回眼：记得那是一九六九年的八月，这天近午时下了一场大雨，沙漠雨后，天上彩虹飞架，四野金光熠熠，鸟雀飞翔，沙柳丛郁郁青青，这时让人觉得这大沙漠里也有可人的时候。盖房的工地上热热闹闹，“坯来！”“泥来！”“杠子来！”的喊声不绝于耳。忽然，有人高叫“快瞧嘿，那边天上有画！”天上怎么能有画呢？众人不约而同放下手里的活，齐刷刷把头转向了东北的天际。就见东北角的天空，真仿佛是有一幅画卷正在展开，画卷里呈现出一座土城历历在目，不很高的城墙上垛口分明，城门大开，一座单檐的城楼耸立在城门之上。城外关厢大街两旁的买卖铺子旗幌招招，进出城的人，有推车的、挑担的、挎篮的，还有骑驴儿的呢！人的衣着或是黑色或是白色，人影绰绰，来来往往挺热闹。看着这幅“天画”完全展开来，并且越来越清晰，只见一位老婆婆的背影，以近距离镜头出现在画里，她一手拄棍儿一手拉着小孙子，白发蹀躞，颤颤巍巍地往城里走，小孙子边走还在吃着什么……这？这？这太神奇了吧?！不可想象呀！……后来，我向有学问的人请教，才知道这原来叫作“沙市蜃楼”，可是，这“蜃楼”又是来自何方呢？这又是哪儿的景呢？诸多不解，至今犹存。大千世界真是妙不可言呀！

海市蜃楼是一种光学幻景，是大气中光线存在着的折射现象。当空气各层的密度有较大差异时，远处的光线通过密度不同的空气层就会发生折射，这时就会看见在空中或地面以下有远处物体的影像。发生在沙漠里的“海市蜃楼”，就是太阳光遇到了不同密度的空气而出现的折射现象。具体来说就是，沙漠里白天沙石受太阳炙烤，接近沙层表面的气温升高极快。由于空气不善于传热，所以在没有风的时候，空气上下层之间的热量交换很小，这使得沙漠上空的垂直气温差异非常显著，下热上冷，上层空气密度高，下层空气密度低。当太阳光从密度高的空气层进入密度低的空气层时，光的速度发生了改变，经过光的折射，便将远处的实景呈现出来。人们虽然能看到这些景观，但毕竟只是幻影而已，看得到摸不到。除了海面或江面，在沙漠山野中有时也会出现这种“海市蜃楼”的现象。这“海市蜃楼”“山市蜃景”“沙市蜃楼”都是地球上物体反射的光经大气折射而形成的虚像，原理是相同的，只是发生在不同背景之下。

古籍曾经记载，天空中不知因何时或发生一些奇幻的情景。《新唐书·五行志》：“（光启二年）四月，有白气头黑如发，自东南入于扬州灭。”元陶宗仪《南村辍耕录》卷七：“（至正十五年）正月廿三日，日入时，平江在城，忽闻东南方军声且渐近，惊走觇视，他无所有，但见黑云一簇中，仿佛皆类人马，而前后火光若灯烛者，莫知其算，迤逦由西北方而没。惟葑门至齐门居民屋脊龙腰悉揭去，屋内床榻屏风俱仆。醋坊桥董家杂物铺失白米十余石，酱一缸，不知置之何地。”《元史·顺帝纪》：“（洪武元年）六月甲寅，雷雨中有火自天坠，焚大圣寿万安寺。……秋七月癸酉，京师红气满空，如火照人，自旦至辰方息。乙亥，京师黑气起，百步内不见人，从寅至巳方消。”清康熙《重修襄垣县志》卷九：“（成化八年）有大蛛自绵山为大雷所驱，至东周村曹家坟，天日晦冥，风雨大作，坟木尽拔，须臾有火一块如碗大，自西南飞来，大霹雳一声，其物击碎。明日视之，皮肉满川，可载十余车，见今有干皮在，可贴疮。是岁大旱，民饥。”《明孝宗实录》卷一百九十七：“（弘治十六年）三月丙子，辽东铁岭卫初二日夜天降火，大如斗，自西南至东北而陨，至是日火起总旗陈英家，延烧官民房屋二千五百六十六间，男妇死者百五十二人。”《明武宗实录》卷九十五：“（正德七年）三月己未，峄县有火如斗，自空而陨，大风随之，毁官民房千二百余间及粮畜甚众，火逸城外，又焚民居及于丘木。”《明史·五行志》：“（正德七年）三月丁卯夜，大风雷电，余干仙居寨见有光如箭，坠旗竿上，俄如烛龙，光照四野。士卒撼其旗，飞上竿首，既而其火四散，枪首皆有光如星。”清咸丰《开原县志》卷一：“（嘉靖六年）春，空中有火，大如车轮。”

广义的“海市蜃楼”，应该也包括“山市蜃景”“沙市蜃楼”在内。古人不明此理，古代“入海求蓬莱、方丈、瀛洲三神山”（《史记·封禅书》）的传说和“忽闻海上有仙山，山在虚无缥渺间。楼阁玲珑五云起，其中绰约多仙子”（白居易《长恨歌》）诗句，或者来源于这种“海市蜃楼”的幻境（徐黄按：“海市蜃楼”幻境产生的时间应该是很早很早就有的，对后代哲理诗文的影响也是自然的，即便古书中的记载较晚）。随着科技的发展、生产力的极大提高，这种“海市蜃楼”的幻境，将来或许真的会成为现实，在海洋上起高楼，飘摇如仙境，人类的生存空间或者就能大大增多。

由于众多“海市蜃楼”中的景象并不能在地球上找到原型，所以关于“海市蜃楼”还有另外的说法：“海市蜃楼”中的景象来自地外星球，是一种时空通道入口，是来自未知时空的景象；这个来自未知时空也就是我们常说的来自平行世界的，可能展示的并不是地球上的景象。因为“海市蜃楼”中出现的场景是不固定的，有可能是城市也有可能是山景，有出现古代宫殿甚至是过去的景象。在1945年的爱琴海附近，当时有二千四百多个人亲眼看到了“海市蜃楼”景观，看过的人说，海面上空出现的是穿着古代服饰的人以及古时候的建筑。他们看到过维京海盗装束的古代人。我们都知道，维京海盗这么远古的文明早就已经灭亡了。此外还有一部分科学家认为，这次爱琴海的“海市蜃楼”确实是古代的真实场景，这是因为光的滞后性。我们抬头仰望星空所见到的点点星光，其实是星星在若干年前就已经产生的了。所以在一定程度上，我们可以说这次“海市蜃楼”的情景是很久之前就已经存在的光，只不过因为不明的原因，时至今日才展示在人们眼前。（参《百家号》2019-07-24之“黑洞追随者”：《海市蜃楼的景象不是现代的景象，难道这些场景来自另一个时空？》，《搜狐号》2019-12-12之“科技生活频道”：《海市蜃楼并非地球场景？真的是来自未知时空吗？答案超出你的想象》）“奇文共欣赏，疑义相与析”（陶渊明《移居两首》之一），人类在欣赏和疑析之中，逐步走向新的高峰。

（作者单位：山东大学儒学高等研究院）

前三三后三三

——禅语的活力（二十）

陈　坚

清代济能法师纂辑的《角虎集》（二卷，收录于《卍续藏》第一零九册），记载了历代一些重视净土的著名禅师的事迹。其书名之所以叫《角虎集》，乃是与据传是永明延寿禅师（904—975）所作的如下这首阐述禅与净土关系的禅偈有关，曰：

有禅有净土，犹如戴角虎；现世为人师，来生作佛祖。
无禅有净土，万修万人去；但得见弥陀，何愁不开悟？
有禅无净土，十人九蹉路；阴境若现前，瞥尔随它去。
无禅无净土，铁床并铜柱；万劫与千生，没个人依怙。

熟悉中国佛教的人都知道，“禅”与“净土”乃是中国佛教的两大重要的修行体系，其中“禅”是禅宗所主张的通过禅定修习而“回归自性清净心”，是向内的；而“净土”呢，则是净土宗所主张的通过念佛“往生西方极乐世界”，是向外的。两者的佛学理念和实践方法都不一样，因而在历史上各有拥趸。这首禅偈的意思我就不解释了，想必大家读后都知其意。我想说的是，济能法师的《角虎集》就是取意于“有禅有净土，犹如戴角虎”这句偈语。

《角虎集》收录的禅师实际上并不多，至少不像在《五灯会元》之类的禅宗灯录著作中所见的那么多。在这不多的禅师中，就有沩仰宗的一位禅师，叫无着文喜（820—899）。文喜禅师年轻的时候曾到五台山参访，《角虎集》卷下是这样记载他这次五台山之行的，曰：

> ……直往五台山华严寺，至金刚窟礼谒，遇一老翁牵牛而行，邀师入寺。翁呼："均提。"有童子应声出迎。翁纵牛，引师升堂，堂宇皆耀金色。翁踞床，指绣墩命坐。翁曰："近自何来？"师曰："南方。"翁曰："南方佛法，如何住持？"师曰："末法比丘，少奉戒律。"翁曰："多少众？"师曰："或三百，或五百。"师却问："此间佛法，如何住持？"翁曰："龙蛇混杂，凡圣同居。"师曰："多少众？"翁曰："前三三后三三。"翁呼童子致茶，并进酥酪。师食之，觉心意开爽。翁拈起玻璃盏问曰："南方还有这个否？"师曰："无。"翁曰："寻常将什么吃茶？"师无对。师睹日色稍晚，遂问翁："拟投一宿，得否？"翁曰："汝有执心在，不得宿。"师曰："某甲无执心。"翁曰："汝曾受戒否？"师曰："受戒久矣。"翁曰："汝若无执心，何用受戒？"师辞退，翁令童子相送。师问童子："前三三后三三，是多少？"童召："大德。"师应诺。童子曰："是多少？"师复问曰："此为何处？"童曰："此金刚窟般若寺也。"师凄然，悟彼翁者即文殊也，不可再见，即稽首童子，愿乞一言为别。童说偈曰："面上无瞋供养具，口里无瞋吐妙香，心里无瞋是珍宝，无垢无染是真常。"言讫，均提与寺俱隐，但见五色云中，文殊乘金毛狮子往来。忽有白云，自东方来，覆之不见，师因驻锡五台。

作为中国佛教四大名山之一，五台山乃是文殊菩萨的道场，而且更为重要的是，那些前往五台山参拜的佛教徒还常常会遇见文殊菩萨的化身而与其发生许多美妙的因缘，这不但在中国历代相关佛教文献有记载，还更为佛教界所津津乐道。比如禅宗大德虚云老和尚（1840—1959），年轻的时候为报母恩，曾从普陀山开始"三步一拜朝五台"，拜到离五台山不远的一个地方，遇天大雪，前行受阻，没办法，虚云只好躲进路旁一个小茅棚中，也找不到什么吃的，外面风雪交加，身上又冷又饿，还感冒发烧生病了，几天下来已是奄奄一息。这时有一个乞丐忽然出现在虚云面前，找了些柴火帮他生火取暖，又给他弄了些吃的，终于让他度过内外交困而活了下来。后来他们两人就聊了起来，这位乞丐说自己非常愿意帮虚云背行李一起朝拜五台山，于是他们两人就结伴而行。行到五台山脚下的时候，这位乞丐就对虚云说，现在五台山到了，你就一个人上去吧，我就不去了，说完就不见了人影。虚云好生奇怪，后来他到了五台山一寺院，将自己这一经历与方丈一说，方丈告诉他，这乞丐乃是文殊菩萨的化身。名字叫文吉，这文吉乃是文殊菩萨化出来帮助你实现佛愿的，虚云这才恍然大悟。据说虚云老和尚在朝五台期间，还不止一次遇到文殊菩萨的化身，有兴趣的自己可以去网上搜索，恕不繁说。另外，在民间，关于五台山文殊菩萨显灵的故事举不胜举，说不定你就曾耳闻。

现在让我们言归正传回到文喜禅师。文喜禅师的五台山之行同样遇到了文殊菩萨的化身，而且也遇到了作为文殊菩萨坐骑的金毛狮子的化身。不妨请大家回看刚才这段引文。话说文喜禅师在前往五台山华严寺的途中，路过金刚窟般若寺，遇到一位牵牛而行的老翁，老翁邀请他一同入寺。入得寺门，老翁招呼一个名叫“均提”的童子出来牵走了牛，便和文喜禅师一起登堂入室。这位老翁其实就是文殊菩萨的化身，而这位均提童子呢，就是文殊菩萨坐骑金毛狮子的化身。不管你相信不相信化身这种事，反正事情就是那么个事情，情况就是那么个情况。如果你实在难以相信，那你就权将其当戏剧看好了，因为戏剧中演员演戏全是化身的角色。明白了“文喜禅师访五台”这出戏中的化身角色后，我们再来看，老翁和文喜禅师登堂入室分宾主落座后，两人便聊起了天，聊什么呢？相关的聊天记录如下：

> 翁曰：“近自何来？”
> 师曰：“南方。”
> 翁曰：“南方佛法，如何住持？”
> 师曰：“末法比丘，少奉戒律。”

翁曰："多少众？"
师曰："或三百，或五百。"
师却问："此间佛法，如何住持？"
翁曰："龙蛇混杂，凡圣同居。"
师曰："多少众？"
翁曰："前三三后三三。"

这聊天记录看上去就是佛门中普通的拉家常唠嗑，在这个唠嗑中，来自南方的文喜禅师和在方五台山的老翁相互打听南北方佛教的状况，其他的都能看明白，就是最后一句老翁说的"前三三后三三"有点让人看不明白。文喜禅师问老翁"此间佛法，如何住持"，也就是你们五台山这里佛法如何？老翁回答说"龙蛇混杂，凡圣同居"。文喜禅师接着问"多少众"，那这里有多少和尚呢？老翁答曰"前三三后三三"。这"前三三后三三"究竟是多少呢？或者说这"前三三后三三"究竟是什么意思呢？是不是"三三得九"从而"前三三后三三"前后相加就是十八呢？这五台山也不至于只有十八个和尚呀！肯定不对。不是十八，那又是多少呢？你问我，实话告诉你，我也不知道，而且一直以来也没人知道，反正是一个谜。明末憨山德清大师（1546—1623）曾有诗偈曰：

均提相送出精蓝，
无著投机事已惭。
莫谓当年人不荐，
至今谁解话三三。

诗偈中的"无著"就是指无著文喜禅师亦即文喜禅师。憨山德清说至今也无人能解"前三三后三三"是什么意思，当代南怀瑾（1918—2012）则顺着憨山德清说，既然无人能解，那就不要解好了，何必白费力气不讨好呢？他说："前三三与后三三，这一句话，千年来也没人知道他讲什么，其实这个可以作话头参，前三三与后三三就是禅宗的话头。"当然也有不信邪而偏要解的，比如虚云老和尚就说了："五台山那个前三三与后三三，就是前面有三百三十个祖师，后面还有三百三十个祖师，前面这三百三十个祖师我已经记好了，后来的三百三十个祖师后人再来记"；还有人说"发现老和尚每次给人讲完三皈五戒之后，要求他们以后要带三个人来皈依，这也有点前三三和后三三味道"。这两个解释都是我从网上检索的，对错大家自己判定，我不加干涉。至于有"广东一个法师把这个'前三三与后三三'解释成三种法界"，那就完全牛头不对马嘴了，不去管它也罢。更有越说越玄的，说"前三三后三三"与《西游记》中所说的"三三行"有交集，还有说"三三是洛书的象"，林林总总，反正我自己认为，没必要将"前三三后三三"当作一个实有所指的数学题来做，一定要弄明白它是多少，它其实就是表示到处都一样、"天下乌鸦一般黑"的意思。你想啊，前也三三后也三三，左也三三右也三三，上也三三下也三三，十方世界皆三三，这不就到处一样了吗？台湾法鼓山已故圣严法师（1931—2009）在《圣严说禅》中就是如是解释"前三三后三三"的，曰：

> "三三"两个字在此处不能用数字来定义，这句话的意思是"差不多"，前面跟后面差不多，好的跟坏的差不多，南方的佛法和北方的佛法也差不多。无着和尚跟文殊菩萨的这段对话只是个故事，但它自有涵义。有人认为文殊菩萨是在北方的五台山，因此无着千里迢迢不辞艰苦从南方到北方，希望能见到文殊菩萨，能够得到正法。哪知文殊菩萨却告诉他，我们这里跟你那里一样；也就是说佛法到处都一样，你来此若心眼不开，一样见不到佛法。
>
> 释迦牟尼佛时代，有两个比丘在远地出家之后，一心一意要到此方见释迦牟尼佛。一路上看到所有的水中都有虫，其中一位比丘为了不杀生，结果渴死了，另一位比丘想，未见到佛就死了，多可惜！因此他未守不杀生戒，喝了水维持了生命。他到了释迦牟尼佛面前，佛告诉他："跟你同样要见佛的比丘早已见过我了，你现在才到啊？"佛又说："如果你在千里之外能实践我的法，守我的戒，等于就是见到我了。如果不实践我的法，不持我的戒，你虽然看到我，等于没看到一样。"因此，文

殊菩萨所说的“前三三后三三”，对于那些到处追随名师，到处去问佛法的人是当头棒喝。若能真正了解佛法，一句两句一直用下去，也就可以了。如果懂得很多，跑了很远，见了很多善知识，可是没有实践佛法，也等于没有出门，没有修行。不过这句话是对那些专门跑码头的人讲的，至于需要参访善知识的人，该参访还是要参访。

我完全认同圣严法师对“前三三后三三”的这个理解，即“前三三后三三”便是到处一样，到处是佛，所以你没必要跑东跑西甚至特地跑到五台山来找佛，回到你自己的当下即可见佛。照着这个理解，我们便可以顺理成章地解释文喜禅师接下来与老翁和均提之间的如下对话，大家且看：

翁呼童子致茶，并进酥酪。师食之，觉心意开爽。翁拈起玻璃盏问曰：“南方还有这个否？”

师曰：“无。”

翁曰：“寻常将什么吃茶？”

师无对。师睹日色稍晚，遂问翁：“拟投一宿，得否？”

翁曰：“汝有执心在，不得宿。”

师曰：“某甲无执心。”

翁曰：“汝曾受戒否？”

师曰：“受戒久矣。”

翁曰：“汝若无执心，何用受戒？”

师辞退，翁令童子相送。师问童子：“前三三后三三，是多少？”

童召：“大德。”

师应诺。

童曰：“是多少？”

师复问曰：“此为何处？”

童曰：“此金刚窟般若寺也。”

师怃然，悟彼翁者即文殊也，不可再见，即稽首童子，愿乞一言为别。童说偈曰：“面上无嗔供养具，口里无嗔吐妙香，心里无嗔是珍宝，无垢无染是真常。”言讫，均提与寺俱隐，但见五色云中，文殊乘金毛狮子往来。

这段对话包括四个语境或意义段，这个大家都能明显读出来。首先是关于喝茶的茶杯，虽然南北方喝茶所用的茶杯不一样，比如北方用“玻璃盏”，南方没有“玻璃盏”而用搪瓷盏或别的什么盏，但不管什么盏，其实都一样喝茶，这是茶杯的“前三三后三三”。其次是关于“执心”，也就是执着之心。佛教修行就是去掉“执心”，“汝若无执心，何用受戒？”你如果都已经不执着了，都已经没有“执心”了，那当下就是佛了，还用得着跑到五台山来受戒？这是修行意义上的“前三三后三三”。以上是文喜禅师与老翁之间的对话。第三，文喜禅师问童子均提“前三三后三三，是多少”，后者叫一声“大德”，文喜禅师条件反射般应诺，这一应诺使他顿时回到自己的当下，并让他明白“凡我在处皆是佛”，此乃文喜禅师本人的“前三三后三三”。最后，童子均提在金刚窟般若寺送给文喜禅师一首禅偈，曰：

面上无瞋供养具，
口里无瞋吐妙香，
心里无瞋是珍宝，
无垢无染是真常。

这首禅偈的意思是，只要我们能做到“面上无瞋”“口里无瞋”“心里无瞋”，也就是佛教所常说的身、口、意三业清净，“无垢无染”，那就是佛了，何必非要跑到五台山来拜佛拜文殊呢？这是佛法意义上的“前三三后三三”。想必至此，文喜禅师已不再纠结“前三三后三三”究竟是多少了，而是因此而开悟了。实际上，文喜禅师五台山“前三三后三三”的故事在禅界传开后，便成了禅宗“公案”中的一个著名话头。如《五灯会元》卷七载，雪峰义存禅师（822—907）“问长庆：‘古人道“前三三后三三”，意作么生？’庆便出去。（鹅湖别云：‘喏。’）”这里的“喏”与前面提到的文喜禅师的“应诺”是一个意思。当然也有禅师因对“前三三后三三”有所感悟而留下相关禅偈的，如杨岐方会禅师（992—1049）的下面这首：

前三后三是多少，
大事光辉明皎皎，
回头不见解空人，
满目白云卧荒草。

什么意思，大家自己去参吧，阿弥陀佛！

（作者单位：山东大学佛教研究中心）

“征古人之执迹，绍斯文之末传”

——何景明的“复古之志”

陈一娇

何景明是明代复古派前七子中的核心人物，他的一生虽然只有短暂的二十八年，却修学立行，积极参政，立德立言。世人往往关注他作为文学家的一面，而对其为人和学术思想关注较少，因而其门生乔世宁在《何景明传》中曾这样慨叹：“先生则独称全才，可不谓振古豪杰士邪！……乔生曰：世称何先生诗，至名传四夷，不虚也。其节行人不尽传，何哉？及读《何子十二篇》，又叹有王佐才，而蚤死不遇，悲夫！”（《何大复先生集》卷末以下凡引此书，只注卷数）嘉靖间蔡汝楠也曾在《创建大复何先生祠记》中为其鸣不平道：“予悲世俗不察其意，而猥以词华同类，而共訾之也。故不著其文而独详其行谊大者，俾后世得观览焉。”（同上）由此可见何景明并不仅仅是一位“独攻于诗”的词章之士，他还致力于经世之学，好修笃行，有儒士风范。要全面认识何景明，就有必要重视其文学之外的主张与践履。在《赠萧文彧号古峰序》中，何景明曾言：“凿破混沌一派，世道万伪日兹。吾尝高卧北窗之风，想无怀、葛天之民，慨身世之既远也。”（卷三十五）他向往的古道即儒家正统之道，不仅是他革除“世道万伪日滋”的武器，还是他寄托心灵的净土，他对“古”的追求不仅仅局限在诗文创作与评论上，而是统一于道德和政治，是儒家思想中内圣外王之道的体现。因此要了解何景明前七子复古运动的性质与意义，必须跨越“文学复古”的藩篱，进一步探讨他的复古思想。

一、既往研究回顾

在文学思想方面，何景明重视文学的教化作用，主张近体诗以李、杜为法，古体以汉魏为法。他曾在《杂言十首》中说："秦无经，汉无骚，唐无赋，宋无诗。"（卷三十八）尽管文学复古是何景明复古体系中十分重要的一环，也在文学领域产生了较大影响，但此领域前人之述备矣，如郭绍虞《中国文学批评史》第三篇第三章"前、后七子与其流派"，简锦松《李何诗论研究》，廖可斌《明代文学复古运动研究》第四章"前七子的文学理论"，郑利华《前后七子研究》第四章"前七子的文学思想"等，故在此不再赘述，本文主要探讨的是何景明文学复古之外的复古主张与思想。

对于前七子复古运动的定性，此前学界的讨论大多集中在文学方面，认为它是对明初以来颂美鸿业的台阁文学的反动，也是对南宋以来深受程朱理学影响的理化诗的反动，例如罗宗强先生指出："文学复古思潮的出现，更重要的是文学发展的内部原因……在李梦阳们之前，崇古、拟古之风早已存在，虽然此种崇古、拟古还与台阁余波掺杂着……但是它已经从文学内部准备了复古的基础。"（《明代文学思想史》）

但也有学者将研究跨到文学之外，关注到了复古运动的思想史及政治意义，其中具有代表性的有以下几种看法：

第一种看法认为复古派通过文学复古以反对程朱理学。廖可斌教授在其著作《明代文学复古运动研究》中提出："他们（保守派理学家）已经意识到，复古派否定宋、元至明前期的诗风文风，实际上是否定宋、元至明前期的'道术'，也就是程朱理学。因此复古运动并不仅仅是一场文学运动，而且是一种对正统思想的统治无益有害的危险的思潮。"

第二种观点认为文学复古运动是一场以复兴原始儒家，反对程朱理学为目的的儒学复兴运动。郭平安的博士论文《李梦阳研究》认为："李梦阳的复古运动虽然有文学复古的内容，但是，它不是一个单纯的文学复古运动。文学复古是一个表面现象，在文学复古的运作之下，李梦阳的复古运动一开始就是一场复兴儒学的复古运动……李梦阳、王守仁、罗钦顺等人对程朱理学提出尖锐批判，彻底打破了程朱理学一统天下的黑暗局面，这是李梦阳复古运动的重大影响。”

第三种观点认为复古的目的在于儒学复兴，但只是在程朱理学的内部做了一些调整，并没有明显的反理学倾向。史小军教授曾在《明代七子派文学复古运动与儒学复兴》一文中指出：“同唐代古文运动一样，明代七子派文学复古运动也具有复兴文学和儒学的双重目的……如果说其中某些人具有了‘反理学’的倾向，那也只是在儒学范围内，在尊重周、程、张、朱等理学大师的前提下，作了一些批评和修正，呈现出向孔孟原始儒学回归的迹象，从而在一定程度上松动了程朱理学的统治地位，给明中叶沉闷的思想界带来了一丝活力。”

另外还有一种观点，并没有对复古的“古”进行原始儒家和程朱理学的区分，而更强调其全面复兴古学的倾向。孙学堂教授与其博士生伍飘洋共同撰写的《明弘治诗倡和与“文学复古”新探》中说道：“人们积极参与诗倡和活动，实欲以志节相砥砺、以功业相劝勉，根本意图是兴复古学，在道德、政治、风俗等方面上追古代盛世，而并非单纯追求诗文复古或‘文学振兴’。”

随着时间的推移，近四十年来学界对明代复古运动的认识发生了以下变化：一方面，认为复古运动是对程朱理学反动的声音趋向式微，而其受儒家思想影响的一面愈发得到重视；另一方面，人们对复古运动意义的认识和发掘由单纯的审美、创作等文学层面转移到道德、政治等社会深层问题上，其本质也愈发得到显现。但美中不足的是，这些研究基本上把关注点聚焦于李梦阳或前七子团体上，而从何景明入手的个案研究尚不多见。

跳出单一的文学视角，在古学复兴的意义上观察复古运动，相关的个案研究仍有很大空间。本文将从何景明入手，通过分析其人格践履和复古思想，探究他主张复古的真实目的，以期对明代复古运动有更为全面客观的认识。

二、“不愧古人风”——何景明的人格修养

何景明的门人樊鹏曾在《中顺大夫陕西提学副使何大复行状》中描绘其人说：“先生生而神明，德量纯粹，志大行坚，学精意远，博物洽闻，会理

守约，究其所造可谓浑然成矣！家庭间怡怡如也，交接雍雍如也，取予进退断断如也。”（卷末）何景明性格沉敏有度，“谦抑温退，未尝以才凌人”，举止进退无一不体现出君子之风。但在涉及国家利益的大是大非中，他却“蹈厉愤发，有万人独往之气”（卷末《创建大复何先生祠记》）。看似矛盾的两种人格在他身上融合不悖，正是孟子以降儒家所推崇的君子之风的鲜明体现，这种人格和践履的形成，离不开他对“古人之义”的不懈追求。

何景明曾在拟古之赋《七述》中表达过他对儒家理想人格的无限崇敬之情：“有应世之大人，秉持仁义，服被礼乐。……出则施声教，款遐荒，臻盛美，流休详；处则韫椟深藏，韬曜含光，视葛天为并世，招箕颍而同行。”（卷三）圣人之道固然令人心驰神往，可毕竟是理想化的，那么何景明又是怎样定位自己的人生追求的呢？他曾在《四箴》中说：“合情而全身，乐天而知人者，圣人也；惩乎情，无违乎天，持乎身，无愿乎人者，贤人也；任情以忘身，希天而望人者，众人也。圣人者，吾不能也；众人者，吾不敢也；贤人者，吾愿学焉。”（卷三十八）在圣人、贤人与众人之间，何景明选择了“惩乎情，无违乎天，持乎身，无愿乎人者”的贤人，而这种“愿学贤人”的追求贯穿他的一生，表现在他对义利之分、穷达之辨和进退之道的思考中。

（一）义利之分

何景明早慧，八岁能诗，十五岁在河南省试中夺魁，名动朝野，乔宁所作《何先生传》曾记载：“诸王公大人争迎致一见，候车尝数十乘，所过人观者如堵。……于是名盛传海内，如凤鸣麟出，世人惊睹也。”年少成名没有让他在与达官贵人们的交游中迷失自我，他依然坚守君子之道，“道弗合者，虽隆贵人，忍不与见；至道艺士，即贫贱衰老，犹折节下之不倦也”（《创建大复何先生祠记》）。在与人交往中，他只注重品德高下，而丝毫不在意对方身份的高低贵贱。

何景明视富贵如浮云，“安贫乐道不念家产，居官勤事以禄自守，复丝毫弗苟受，然又好予。卒后，阅诸囊中，余金三十而已”（《中顺大夫陕西提学副使何大复先生行状》）。他将士大夫的尊严视为立身之本，不取不义之财，不求不义之利。弘治后期，经济发展，追求金钱、嫌贫爱富的思想也随之滋长，因此俗人有“丐乍富废饭”的蔑视贫贱之言，然而何景明推崇李梦阳、何瑭、吕柟三位友人，称赞其坚守道义、不贪富贵的高尚品行，驳斥逐利忘义的流俗。他在《内篇》中说道："然殉义弗折，树名以自著者，贫贱之士多有之，而贵习厚享者弗与也。何耶？予尝有友三人焉。三人者，咸节士也。大梁李子为郎吏，言外家；河内何子为史官，言兵事；高陵吕子为讲官，言时政。三子皆贫贱士也，苟有志于创贫贱焉，则其能皆可以富贵也，然而三子者弗为也。"（卷三十一）赞美此三子坚守道义，百折不挠，将"不义而富且贵"视为浮云，即使有求得富贵的机会，如果有悖于道义也会不屑一顾，而这也正是何景明发自心底的追求。

在何景明看来，为德行善是为了求得内心安乐而并非口腹之欲，所以他在为友人钱进所作的墓志铭中说："行德者，身安之；为善者，心乐之。今行一德、为一善而务章取，复是贾贩事尔。夫古人恒阴施于冥冥，人不知而己无所求，故谓之安乐。"（卷三十六）古人常暗中帮助别人而不愿为人所知，正是这个道理。在这种义利观的基础上，他对人生意义作出判断："夫至明者，义也。至永者，名也。疏利而义集，义孚而名成，是故君子显义以遗名。故形外也，性内也；寿弗长，夭弗短也；贵弗崇也，贱弗贬也。"（卷三十一）最显明的是道义，最恒久的是名节，舍弃利益则获道义，获道义则成美名。所以人生的意义和价值不在于外在的形体，而在于内在的品行；不在于寿命的长短和身份的贵贱，而在于是否能行道义。

（二）穷达之辨

这种义利观也体现在何景明对穷与达的看法上。何谓穷，何谓达，何谓屈，何谓伸？何景明有一套不同于流俗的价值标准。他在《内篇》中说："夫伸也者，弗在高爵荣名也；屈也者，弗在居约处卑也。志达曰伸，志塞曰屈。故爵高名荣而志弗达，不失为屈；约居卑处而志弗塞，不失为伸。"（卷三十一）高官厚禄不代表"伸"，居约处卑也不代表"屈"；只有完成了自己的志向才叫"伸"，而不能完成自己的志向则是"屈"。尽管一生居约处卑，但何景明在临终时感叹此生"第不昧天理足矣"，就足以见出这种穷达观的践履。

正因为恪守儒家价值理性主导下的穷达观，何景明只求内心的安宁，而不纠结于仕途中的沉浮得失。在遇到困难和挫折时，他"不怨天，不尤人”，而是首先想到反求诸已。他曾在《学约古文序》中说：“故反求而为己，则一而有获；外驰而为人，则多而益蔽。此公私之辨，义利之分，君子小人之向也。”（卷三十四）君子自我反省，小人怨天尤人，只有不断从自身找原因才能为学有进。可是如果做到了自我反省，仍然不达，又该怎么做呢？何景明在《赠向先生序》中作出了回答：“是故君子之修也，尽诸躬而已。”（卷三十五）他在勉励自我的《四箴》中表达自己对穷达的看法：“穷则益其志，汝则是恶。达则损其志，汝则是慕。虽则汝恶，穷孰汝黜？虽则汝慕，达孰汝迁？毋劳思睊睊，惟顺汝道，而俟汝天。”（卷三十八）无论是穷还是达，都不是自己所能决定的，而人唯一能做到的事情就是“顺汝道而俟汝天”。这正是儒家思想“知天命，畏天命，顺天命”的体现，在其影响下，何景明超越了个人的穷达与得失，无论在顺境还是逆境中都旷达自适。所以他以鹤自比，在《画鹤赋》中抒发自己豁达的情志：“鸟类比之君子，遇则霄汉，失则荆杞，弃捐胡忧，登庸胡喜。非恃宠而承轩，亦何心于倾市。”（卷十四）不遇不忧，知遇不喜，不恃宠而骄，也不会因失宠而失落，这正是儒家思想影响下宠辱不惊、诚明坦荡的操守和境界，也体现出知识分子的独立人格与气节。

（三）进退之道

“狂”“狷”人格与高扬的自我精神是前七子文化人格中较为典型的一面。例如，李梦阳不惧豪强，又直言犯上，一生五次入狱；康海“其才甚高，其气甚豪，其性甚真，其言行则不切切于规矩之内”。相比之下，何景明在言行上都更符合中庸之道，也更接近于儒家君子。他在《与李中丞书》中言：“中者，圣之则也。正者，人之矩也。中正者，《易》之体用也。”（卷三十二）而《说琴》一赋中的言论大概可以概括他的进退之道：“朴其中，文其外。见则用世，不见则用身。故曰：‘虽愚必明，虽柔必强。’”（卷三十三）君子要刚正不阿，但是也要懂得以退为进，能屈能伸，刚柔并济。这种进退之道具体表现在以下两个方面：

一方面，他受《周易》的影响颇深，警惕因过度而引起的相互转化，因此强调“慎藏”。他曾在《赠向先生序》中说：“夫才盛者，亢其志；名高者，危其身；享厚者，盈其量。是故君子才也思抑，名也思藏，享也思约。"（卷三十五）"才盛""名高""享厚"都可能带来危险，因此"抑才""藏名""约享"不失为君子的智慧。但这种"藏"并非消极避世，而是积蓄力量，等待时机，"缉学将以俟达也，慎藏将以待出也"，一旦时机成熟，便施展才华，泽被世人。正如《周易·系辞下》所说："君子藏器于身，待时而动。"同时何景明也深谙"树大招风、名高引谤"的道理，所以他说："器虚则贮之，满则扑之。木小则培之，大则伐之。故虚可处，满不可处也。小可处，大不可处也。"（卷三十八）"木秀于林，风必摧之"，谦虚自守才是君子之所当为。

另一方面，何景明注重审时度势，动之以时，认为君子要能屈能伸。他曾在《进舟赋》中寓理于事说："何舟师之有神兮，善审势而明机。"（卷一）他认为世间万物的运行自有其规律，行事应顺乎天而应乎人，"夫仁生之，义杀之，礼辨之，智藏之。故春生，秋杀，夏辨，冬藏。……是故虑善惟动也，动惟其时也"（卷三十五）。君子应顺应自然和人类社会的规律，"动惟其时"，非时不动。在客观形势不利于自身时，要以退为进，而不能一味刚直抵抗。正德二年，何景明以身体多病为由，请求还乡疗养。当时朝中名士多因刘瑾而受到牵连，"不即被大祸，而先生独超然远举，天下皆曰：'见几而作，何子岂不高哉'"（《中顺大夫陕西提学副使何大复先生行状》）。何景明对时局有敏锐的洞察力，能够"见几而作"，急流勇退，因而得到朝野一片称赞。而在友人何瑭政治上受挫欲隐退时，何景明也以"龙蛇之德，变化之义"相劝，希望他能在注重刚直质朴的同时不要忘记以"文"修饰，即"通士不居器而滞用，圣人不专质而丧文"。

何景明的人格修养与操守践履形成了对立统一的特色。一方面，他淡泊名利，注重个人修养，视富贵如浮云，不以高官显位为人生追求，因此他"谦退温抑"，慎独且善藏，追求古人之风；另一方面，他重道义，讲原则，忠君爱国，追求无愧于心，因此他积极参政，敢于斗争，追求"古人之义"。这样两个看似截然不同的侧面融合为一，使他上追先贤，获得了"柔惠且直"的美誉。这种人格在以"狂""狷"为特色的前七子中别具一格。何景明曾在《赠韩亚卿返湖南二首》中说："归朝论事业，不愧古人风。"（卷十七）而"不愧古人风"正是何景明在人格修养上的追求。

三、“崇古学，抑陋习”——何景明的复古主张

何景明的复古主张与政治密切相关。弘治后期，社会潜藏着种种危机，自然灾害频发，吏治腐化，军队懈怠，民力困顿，贫富差距悬殊。正德年间，社会矛盾进一步扩大，流寇作乱，致使生灵涂炭。正德七年，李东阳上书曰：“今帑藏空虚，军民穷困，流移不已，寇盗肆行，江西、四川累岁用兵，山东、河南、南北直隶所至残破，戕害将领，荼毒生灵，侵扰京畿，略无畏忌。盖自创业靖难以来，未尝有此。”（见《皇明辅世编》卷二）社会动荡已经达到了前所未有的程度，严重影响了人民生活。何景明面对国家的诸多弊病，心急如焚，在《龙湾草堂记》中，他曾说：“夫愤世之意浅，则离俗之志不决；复古之志少，则继往之作不兴。”（卷三十三）可见复古的重要动机是“愤世”，何景明的复古主张多是针对现实社会与政治提出的，同时也具有理想主义的色彩。

（一）政治复古

何景明参照“先王之政”提出了一系列政治复古的主张。首先，他认为应当法治、德治并重，并且灵活地运用，“因而用之，存乎其时”，使人民得以上复到“三王之民”的状态。何景明曾说：“法者，非甘物也，有国者之药石绳墨也。”（卷三十）十分重视法治的作用，但他的思想不是法家，而是更接近于荀子以降礼法并用的政治学术。他说：“严者立其法，禁于未然者也；刻者究其罪，治于已然者也。是故秦之法多如秋荼，密如凝脂，而民不知避也；汉之吏挎如猛虎，击如鸷鹰，而民不知畏也。”（卷三十）可见他强调法要禁于未然，刑罚不是目的，使民畏而避之才是目的。他以三王之民“杀之而不怨”做解释：“故不示而究人之罪，是为刻而已矣，非所以格民也。故严父无姑息之子，严君无姑息之民。故三王之民，杀之而不怨，夫非罔之而罹其罪者，则罪在己而不尤其上也，又何怨乎？”（卷三十）可见法的核心作用在于“示”，在于规定和限制，三王示民以法，民一旦犯法，则知罪在己身，自然就无怨了。而且法主要是针对小人的，他说：“夫奸邪者，小人之为，而暴乱者，小人之行也。正奸律邪，诛暴刑乱者，法之务也。故法者，小人之

所不利者也。”（卷三十）可见法主要是用来防止暴乱之行的，而难以使人发自心底向善不为恶，所以他认为，尽管法治非常重要，但是治国从根本上讲，还是需要依靠德治。他曾在《何子·策术篇》中说：“夫仁义者，策国之术也，天下之通理，百家之要本，而长久之道也。”（卷三十）正是因为这样，他十分重视道德教化的作用。他说：“是故上之人观于时势之变，推于教化之端，明义崇节而绌势利。是以正道可复立，公室可复振，而遂邪顺私之俗可绝也。”（卷三十）要彻底根除邪私之俗，达到复立正道、复振公室的作用，就必须推行教化，崇尚节义。

德治体现于外在，则是重礼教的思想。何景明主张恢复礼制，规范等级秩序，定尊卑，别贵贱。面对天纪错易、尊卑不明、以下僭上的现象，他在《何子·严治篇》中称道“先王之制”：“是故先王之制，阶陛堂殿，以异其等；旗旂鸾缨，以繁其饰；官府爵位，以差其品。等异则尊卑别矣，饰繁则上下章矣，品差则贵贱定矣。是故先王之时，尊卑不相紊，上下不相踰，贵贱不相越。”（卷三十）这里所说的“阶陛堂殿”“旗旂鸾缨”便是儒家礼制中“礼物”的体现，再加上用“官府爵位”的品级高低来分别贵贱，以此来规范等级秩序，使得尊卑、上下、贵贱各有差等、各有定分，以此来维护君主的统治。

这样一种德法并重的治国思想落实到官吏治民的层面，何景明便主张官吏应学习“古之吏”，刚正执法，推行教化。他指出当时官吏治民的两大问题，其中第一大问题是：“今天下吏治蒸蒸靡也。司法者怵威而劫于势，思以为媚，纵弛其目，变易其章久矣。履正以蹈危，守直以中害，岂人人乐为者耶？”（卷三十）司法者惧怕居上位者的威严和势力，媚上枉法，使法纪松弛。于是他基于重法治的思想，提出了这样的解决办法：首先，对于司法、执法者而言，应坚守“刚”的原则，他说：“夫明法难，执法又难也。明法者，奸弗眩；执法者，势弗夺。弗眩，智也；弗夺，刚也。孔子曰：‘吾未见刚者。’此何可不谓难也！”（卷三十一）明法难，执法更难，是因为执法必须在明法的基础上，坚韧不拔，坚守原则不动摇，做到“刚”。他标举“古之吏”的死节之行：“夫枭翔于屋，鸡伏于雏。吏之命职也，为事者殉事，为民者殉民，古之吏也。”（卷三十一）今之吏也应当学习“古之吏”刚正、刚烈，不惜为事、为民牺牲性命的精神。其次，司法、执法者之所以不能做到“刚”，很大程度上是因为中正守直、严格刚正者蹈危受害，导致人人自危，所以仅官吏做到“刚”是不够的，对于君主而言也应当做到“使执法者皆有明陟，卖法者皆有幽黜”，才能够使“履正守直之志遂，而蹈危中害之虑疏矣”（卷三十一），从而鼓励官吏严正执法。其中第二大问题是：“今天下吏治，弱者靡矣，强者持其刑罚，抟裂抗割之而已。猎其民甚乎鸟兽，析其民甚于草木，又安有礼乎？”（卷三十一）与上文提到的“靡”相比，过于刚强则会导致残暴，以至于视民众如鸟兽、草木，他称这种现象为“不知教”。他标举圣人对待禽兽草木的态度：“古者之待禽兽草木也，不掩群，不射宿，羽毛不成不登俎，斧斤以时，罟目四寸，故山泽之蓄蕃殖。圣人之礼其物若此也，况其民乎？”（卷三十一）基于这种德治的思想，他强调道德教化在治民中的作用：“子思曰：‘修道曰教。’……夫吏不纪，则民俗滥；政不则，则下志淫。教者，纪滥俗而则淫志之务也。上敬主，下贵贵；上好士，下贤贤；上笃老，下亲亲。不取则下知介，不害则下知仁。其行约，其施广，其动微，其闻彰。”（卷三十一）这正是《大学》中“上老老而民兴孝，上长长而民兴弟，上恤孤而民不倍”的思想，为官者要以身作则，以风化下，从而以小的行为获得大的效果。因此，将德治与法治结合，为官者需要做到“才以济之，识以明之，德以经之，义以纪之”，才能达到“刚不暴而勇不乱”的境地。

再者，何景明主张君主应当学习“先王之时”，广开言路；大臣要以“古之大臣”为榜样，功成则身退，功不成则直言进谏，积极用世。他标举上古的议政风气，劝谏君主要广开言路：“夫先王之时，惧天下之塞情而隐贤，恒彻其所蔽限者，故崇高则略之，富贵则损之，使人人抒其意而尽其才。是故先王之时，吏也，直其道不辱其身，忠其职不卑其位。”（卷三十五）他有感于“书生不得言世务，大臣未有匡时略”的世风，直斥一团和气的风气，认为大臣要敢于直言：“夫国事执奏，实在大臣。大臣顺旨，事乃寝敝。臣谓大臣奏事，宜使即决是非，直陈利害，准则宪章，制之理义。不宜奏两请之辞，取阿上裁，则制度不隳，功实不谬，名器可正。”（卷三十二）大臣不应唯唯诺诺，一味顺旨，或者忖度上意，阿谀奉承，只有明辨是非，坚持真理，敢于抗争，才能使政事得到正确的裁决和办理。他以“直士”自诩，也鼓励天下为官者都要做“行高而不回，言危而不逊”“有匡救之义”“有谏诤之忠”的直士。

（二）风俗与教育复古

古道衰微不仅体现在政治领域，还体现在社会风俗与风气中。简锦松先生的《明代文学批评研究》在“顾璘《风俗议》与文论变化之契机”一节中提到了正德年间风俗衰败的问题，并将原因归结为刘瑾作乱。另引崔铣《白泉书院重修记》云：“当是时，仕者龌龊自守以待代，不即难民猎金以倖迁，官学渐毁，公廪不绩，学官常空腹而卧，士或易衣而行，野多退士，而悲愤幽楚之辞作。”（《洹词》卷三）这种士风衰颓、唯利是图的风气很大程度上是贫困滋生、社会矛盾加剧的产物。何景明也因这样的现象而痛心疾首，正德十四年，他在为康海所作的《武功县志序》中说：“余览康子之书，其地亩则由狭而广，户口则由寡而众，赋役则由省而兴，财费则由约而靡，其业产则由富而贫，地利则由饶而减，民性则由强而弱，风俗则由厚而漓，吏治则由良而奸，人才则由实而虚，文教则由振而委，亡弗降本流末废正趋弊者矣。嗟乎！岂独一邑然哉？由此可以例诸四方矣。”（卷三十四）人口增长，赋税加重，贫困加剧，民性靡弱，风俗浇漓，奸邪当道，人才不兴，文教不振，世家子弟“疾而不足以器之，靡而丧其朴者众也”（卷三十三），颓丧衰败之风弥漫，这些现象成为明朝普遍存在的问题。在任陕西提学副使期间，何景明感叹民间古礼消亡，说道：“古人揖坐旋辟之容，与夫修于其乡而一日不可缺者，至使人以为旷世闻见之事。风俗于古，岂不邈哉！”（卷三十四）因此他作《乡射礼直节序例》，在学校内举行乡射之礼，从仪式上恢复古道。除此之外，他不汲汲于功名利禄，而是专注于经世之学，“教关中士亦以经术、世务，如其所自志”，大力恢复古道，通过振兴教育来重振风气，关中的学风与世风从此大变。

首先，何景明主张复兴王教，重振官学，恢复学术与思想上的正统之道。他曾在《龙湾草堂记》中说：“昔者王教之一也，国有学，乡有序而已矣。士不私肄其学，而人不私宗其道。其后郡邑之下有书院焉，山泽之间有精舍焉。学殊而肄，道同而宗，是王教之离也。夫学，肄而明也；道，行而达也。从乎上者，化流而易；从乎下者，化格而难。”（卷三十三）他推崇三代自上而下的官学教育体系，士人不从私学，不宗私道。唐代以后，讲学之风逐渐兴起，对经典的解释众说纷纭，王教也因此离散。学术与道德从乎上，教化就会变得流畅而简易；从乎下，教化就会变得阻塞而困难。除了制度层面之外，何景明还在学术层面提倡儒家正统思想，在《〈正蒙会稿〉序》中，他说："苟惟极其辩智，以究其所不及知，而条贯统宗，莫之宰属，则于道也……将日以决裂，此后世异端之所由以兴也。"（卷三十四）他称赞张载《正蒙》《西铭》的"详说反约"之功，正是因为其能够发明圣人正道，足以作为标准，他反对的是"道之决裂""异端之兴"，与此对应的，他倡导的是"王教之一也"，即学术和思想上的儒家正统之道。

何景明还强调道德教育，并将其作为维护统治、团结人心的重要方式。正因为如此，他反对功利化的科举教育，主张体悟圣人之心、践行圣人之道的道德教育。他说："古者教之之法曰性，曰伦。性，则仁、义、礼、智、信是也；伦，则君、臣、父、子、兄弟、长幼、朋友是也。于是而学焉以由之，曰道；学焉以得之，曰德；用之而足以举于天下，曰业。是故古之师将以尽性也，明伦也，则其道德而蓄其业也。是谓古之师也。"（卷三十三）他推崇"古之师"发扬人之四端，彰明君臣父子之伦，以道德教育子弟、成其举业、反对当时分章截句、断章取义、刻板模仿的八股文应试教育，他认为在这种教育之下，老师只是为了赚取钱财，学生只是为了贪求功名，是"叛圣弃古"之行。

他揭露当时某些学官"与诸生饮酒，虞然弗忌也"，以及"诸生腆物来者礼之，弗来者怒之"的丑陋面貌，批评教育界的混乱现象，并以古之师儒为学习的对象，对教师这一职业提出了"贤、道、行、业"的要求。他说："古之所谓师儒，曰'以贤得民'也，曰'以道得民'也。古之所谓教，曰'考其行'也，'问其业'也。是故古之人贤著矣，乃考行；道立矣，乃问业。行则进其良，纠其有弗良者已矣；业则简其修，董其有弗修者已矣。故自教者二：曰贤，曰道；教人者二：曰行，曰业。贤曰著，道曰立，行曰良，业曰修。尽是四者，其教明矣。"（卷三十五）为师者首先要以身作则，在行为方面要展现出品德和才能，在学问方面要精进，只有这样，才能在行与业方面教人，考查并督促、纠正学生的品行和学问，从而成其行、成其业。

四、"求之端委"——何景明的复古路径与策略

虽然力倡复古，但是何景明是承认社会发展变化的，并且要求人们认识变化，进行针对性的改革。他曾在《何子·上作篇》中说："物必有敝，承敝者复其盛；势必有变，袭变者反其常。故五帝之世，循环不悖，而三王之时，因革并施。"其中"承弊""袭变"脱胎于司马迁的《史记·高祖本纪》："周秦之间，可谓文敝矣。秦政不改，反酷刑法，岂不缪乎？故汉兴，承敝易变，使人不倦，得天统矣。"事物发展到一定阶段，一定会展现出它的弊端，只有针对这种弊端进行变革，才能恢复常道，达到盛世。这样一来，"复古"理应等同于"复其盛""反其常"，最终目的是拯救时弊，推动社会政治经济的发展，而不是刻板地模仿"先王之政"。于是何景明从理论的高度出发，为以复古为手段进行社会治理而作出阐释。

何景明曾多次强调《周易》中"一致百虑，同归殊途"的思想——在《与李空同论诗书》中，他说："《易大传》曰：'神而明之'，'存乎德行'，'成性存存，道义之门'。是故可以通古今，可以摄众妙，可以出万有；是故殊途百虑，而一致同归。"在《何子·心迹篇》中，他说："《易》曰：'天下一致而百虑，同归而殊途。'故百会于一，而殊统于同。"在《〈正蒙会稿〉序》中，他说："《易大传》曰：'天下何思何虑？'天下一致而百虑，同归而殊途。夫天下事物之变，至于不可穷诘，固有圣人之所不及知者，而其本则未有不一而同焉者也。"（卷三十四）在"一"与"多"之间，"一"已经超越了抽象的、一般的意义，上升到形而上的本体层面，在纷杂的万物中有一个核心的本质和规律，而这个核心就是我们需要把握的。所以他说："在夫一者，万之所从出也。故言一而不及万为有余，言万而不及一为不足。圣人之道一而已，故无不足。故曰：至道约而易操，明而易知，是故圣人不学而能，愚人学之不能。直所从者异路也。""一"是"万"的来源，"万"皆从"一"生发而来。谈"一"而不谈"万"有余，谈遍了"万"却不谈"一"，仍为不足。圣人之道并不艰深难求，只要掌握正确的门径，就可以事半功倍、不学而能。只有把握住这个作为"一"的"至道"，才能在纷繁的物质世界与

理念世界中不至迷失，进而贯通古今，统摄众妙。所以复古并不是亦步亦趋、生搬硬套，而是在认识这种至高之道的基础上，把握世界核心的、不变的因素，再进一步推而广之，融会贯通。正是因为“一致同归”的“至道”蕴含在古之世，又贯通古今，只有从古道中去求，才能把握这个“至道”，所以治乱需要复古，是为复古的必要性；虽然世事变化无尽，但是终归有一个不变的“至道”存在，只要把握了这个“至道”，就能够恢复古之盛世，是为复古的可能性。

对于如何把握核心的“至道”，达到闻一知十，“不出户而知星辰，不下堂而知山川”的效果，何景明在《何子·心迹篇》中阐述了一个“窾系—端委—变化—合同”的概念体系。他说：“变化之成，谓之合同。观合同则可以见端委，故物必求之端委矣。”（卷三十）“变化”是一个过程，而“变化”的结果是“合同”，观“合同”的目的是见“端委”。他又说：“天下之事，在心知其意毋以迹固之。则神明应而变化合，变化合则端委见矣。”可见观察“变化合”的目的也是见“端委”。“端委”为什么这么重要呢？是因为“端委见则能一万物，是故不出户而知星辰，不下堂而知山川”，因此，见“端委”是“一万物”从而把握“至道”的关键。那么“端委”究竟是什么呢？他说：“端委者，变化之窾系也。”又说：“夫端委者，变化之始终也。”“窾系”可以近乎理解为“始终”，但又不能完全等同于“始终”，他说：“窾者，物之以生者也。系者，物之以会者也。”如果把“变化”的过程理解为事物生成、交汇并相互作用的过程，那么“窾”就是物的生成，“系”就是物的交汇，而“端委”就是物与物生成、交汇并相互作用，进而促成“变化”过程的纽带和桥梁。从现象层面的“合同”到过程层面的“变化”，再到规律层面的“端委”和“窾系”，是一个逐步抽丝剥茧的认识过程，完成了这个过程，就可以达到“心通”的目的。而心作为人身上认识事物的主体，是“天下之至神也，故能周流天下”。心有通“至道”的能力，但是只有努力践行“合同—变化—端委—窾系”的认识路径，多见闻，广思虑，悉践履，广泛地积累，做到详尽地理解和发挥，即“详说”；再简约其见闻，精简其思虑，总结其践履，做到对其核心的把握和理解，即“反约”，以至于“感无不通而应无不当”的境界。

基于“一致百虑，同归殊途”的核心思想和“求之端委”的路径，何景明在复古上反对表面现象的相似，而追求本质的相同。他反对政治上的亦步亦趋：“尧之禅虞，后世称焉；子哙逊燕，卒亡其国，而天下笑之。伯夷、叔齐兄弟相让，孔子赞之；宋宣公立弟，《春秋》讥焉。武王伐纣，悬其首于白旗，天下不以此贬其令名；田尝弑简公，则不能辞弑君之恶。周公伐管、蔡，不为贼兄弟；唐太宗杀建成，而后世短之。凡此，迹若不异，然不得同者不求之心而求之迹也。”（卷三十）他列举历史上行迹相同而结果截然相反的事件，认为他们只求外在表象的相似而忽略了其出于心的本质。他反对修养上的东施效颦：“故效颦者益其丑，学步者失其故，故求迹以为近，则愈远矣。……故以其迹，则虽有若之似，不得为孔子；以其心，则虽鲁人之异，可以学柳下惠。”（卷三十）应当持君子之心、行君子之行，如果流于表面上的摹仿则只会使自己离古道越来越远。他反对学术上的刻板相袭：“仆观尧、舜、周、孔、子思、孟氏之书，皆不相沿袭而相发明，是故德日新而道广，此实圣圣传授之心也。后世俗儒专守训诂，执其一说，终身弗解，相传之意背矣。”（卷三十二）他批评专守训诂，而不能对圣人之道有所体悟和发挥的俗儒，主张在学习的基础上有所发明。他反对文学上的生搬硬套：“今为诗，不推类极变，开其未发，泯其拟议之迹，以成神圣之功，徒叙其已陈，修饰成文，稍离旧本，便自杌捏，如小儿倚物能行，独趋颠仆。”（卷三十二）认为李梦阳“刻意古范，铸形宿镆，而独守尺寸”的学古方式如同小孩倚物而行，真正“有益于道化”的文学复古应该是“拟议以成其变化”的。

正因为如此，何景明的复古绝不是盲目崇古，也不是倒行逆施，而是包含着与时通变的因素。归根结底，复古只是他的武器或者说工具，正如他在《与李空同论诗书》中所说：“佛有筏喻，言舍筏则达岸矣，达岸则舍筏矣。”（卷三十二）这种思想并不局限于文学，纵观其整个复古体系，复古只是一种手段和方式，是“筏”，而他对塑造理想人格、匡正世俗时弊的追求才是“岸”。尽管他追慕古人之风，向往古代社会，理想主义色彩浓厚，但这更多是情感层面的抒发，而在理性的层面，其复古思想终究还是实用性、客观性的。

何景明的人格修养、复古主张以及复古路径、策略，体现了他以“复古”为形式的内圣外王之道，综合来看，具有以下五个特点：一是强调抓住

“古道”的本质，反对流于表面的模仿；二是以维护统治为目的，并不反对当时的统治思想程朱理学，反而还很大程度上运用了程朱理学；三是富有针对性，且系统完备，涉及面广，都是针对种种时弊提出的，能够灵活通变，而不拘泥于古；四是恢复上古儒家正统之道，具有理想主义的色彩；五是知行合一，对古道的追求渗透到他的人格修养与操守践履之中，而不仅限于言论上的夸夸其谈。

由此可见，在明代文学复古运动中，至少从何景明的角度而言，复古绝不仅仅止步于文学，文学复古只是他众多复古主张中的一部分，当它与其他方面归结起来，共同组成一个庞大的复古体系时，其目的是整顿世风，匡正时弊，以及在驳杂的思想领域寻求一个可靠的支柱。但事实是，何景明于文学之外的复古主张在当时并没有产生太大影响，在后世也没能得到世人关注，就连其文学复古主张也被一些学者认为是剿袭模仿，评价不高。面对工商业与城市经济的繁荣、皇权的衰落、程朱理学的僵化以及人们自我意识的觉醒，社会迫切呼唤政治领域的改革与思想领域的革新，何景明作为当时的有识之士，苦苦求索，为救世提供了自己的方案。然而这种努力最终以失败告终，经过历史大浪的淘洗，仅余文学复古为世人所乐道，最终这种拯救社会危机的历史使命交由王阳明们接棒，有识之士总是不得不被时代浪潮裹挟着不懈求索，却又逐渐成长为时代面貌本身。

（作者单位：山东大学尼山学堂）

佛教寺庙中的中国式伽蓝神是从关云长开始的。

周贻白致关德栋信札二通浅释

孙艳华

一

德栋先生：

来示奉悉，承您提出的两项资料，足补本人以往读书不多之缺失，谢谢！

关于“西皮调”名词，我曾说“道光以前，无人提及”。戴全德[1]“小曲”既为嘉庆三年刊刻，则“西皮调”或早流行。不过，戴曲谓：“要听西皮调，必须是真正老西……十八梆唱一句，更一声，钻入云眼里。”听说似为早期的蒲州梆子或四川梆子，不必即今之“西皮调”。“油漆匠嫁女”[2]，即“一两七钱漆”，小生上场，确为唱“西皮摇板”，但实传自梆子（山西或陕西秦腔）“马光青换妻”，即“老少易妻”或名“老少换”，亦为梆子老剧。“十八梆”之说，亦可证明其为“梆子”之“梆”。今之西皮调，如“五花调”之“十三叹”，耍腔最多宛转，其来源实起于咸同间青衣胡喜禄[3]之学“梆子”。因此，这一“西皮调”恐怕指的是“山西的旧有梆子”。因为“皮”是一段唱词的后台术语（湘汉班今仍有此称）。“西皮调”之说，亦即“来自山西或陕西的唱调”。假定戴曲所指“西皮”即“山陕梆子”，由此可以证明京剧或汉剧的“西皮”，源生“山陕梆子”，更无疑义。不过皮黄同台，究为先有徽，后有汉；抑先有汉，再有徽，容俟再考。至于关羽与佛教伽蓝，事实上应为两人。崇祀关羽，即为唐建中时事，这是您家的故实，我当然搞不清楚，所以我在《舞台美术》一文中说："假令有人考证出此事，算我联系错误。"不过，佛教东来，发展到各处立寺，似为后汉到六朝这一时期。当然，关羽可以被佛教徒予以利用，尽管玉泉山显圣是关羽的事迹之一，但关羽本身并非佛教的信仰者，则可断言。那么，关羽被认作佛教伽蓝，究为什么时候的事？为什么佛教伽蓝十九都是关羽，这问题没有解决，则关羽与伽蓝的形像，仍彼此相混。因为"佛教护伽蓝之神有十八个"（见释氏要览引七佛经——舜源伽蓝条），关羽或为中国式的一个，但非因有关羽才有伽蓝神，所以"佛教寺庙中的中国式伽蓝神是从关云长开始"，仍可研究，不知您以何如？

拙著《中国戏曲论集》[4]，随后另自赠寄，其中想必还有不少问题，敬希赐以指正！

匆匆布复，顺颂

文祺，不一。

周贻白　敬礼

1961.2.2.

二

德栋先生：

来示奉悉。关于中国戏曲，我不过一知半解，承您不弃，连赐教言，顿增惶悚。"山陕梆子"的流行，早在十八世纪初叶进入北京，"广阳杂记"[5]所谓"秦优新声有名乱弹者"，实即"山陕梆子"。稍后如"秦云撷英小谱""祥麟"条，亦提及"祥麟故习秦声，出山后，由汉中渡江南至武昌"。故十八世纪末叶"山陕梆子"流行广泛，端有自来。而魏长生[6]以四川伶工而能在京立足，亦即根据此一基础而有新发展。戴全德的"清平调"，作于何地虽未能详，如有材料可以证明其所说"西皮调"是长江下游的唱腔，那就大可为鄙说张目了。不过，在徽班[7]而言，"二黄"实先"西皮"而来京，至少，徽班是以"二黄"为主，我个人的看法，即汉班的"二黄"亦当源出徽班，与黄陂黄冈无关。我数年前曾指出：黄陂黄冈的本调是湖北花鼓戏——楚剧，其直接来源是“弋阳腔”，亦即湖北所谓“清戏”。当时一些湖北同志也表示怀疑，甚至有人要我“说话要负责任”。近年楚剧同志发掘古老剧目，居然找出了“拜月亭”一剧，原唱“高腔”，证明实为“清戏”的直接传统。所以“皮黄同台”，我认为汉班或先于徽班。但不能说徽班在汉班入京前就全不唱“西皮”，如程长庚[8]擅场“法门寺”赵廉，便是一例。那就是说，徽班有其“二黄”本调，而汉班则以徽之“二黄”及陕之“西皮”为其本调，其真正的本调“花鼓戏”反被挤到城市以外去了。如果要论先后，汉班无徽之“二黄”，即无所谓“皮黄同台”。故论本源，徽班仍当先于汉班，不能把源出徽班的京剧去和汉班画成等号，不知您以为何如?

戴全德“小曲”或“短剧”用调较杂，是不能用“南北曲”的联套方法相绳的。所谓“泛调”“北河调”“沟调”实际上都是当时流行的俗曲。您的说法是正确的。至于钱南扬先生认为“与梆子有关”，他或者不常听“梆子”，只把“缀白裘”[9]作为根据，那就远离实际了。戴全德懂得的东西很多是无疑的。但曲艺中参(掺)杂戏曲声腔的调名，却不能说明他对戏曲有什么成就或贡献，这不比蒲松龄之连用俗曲撰了许多类似戏本的“俚曲”[10]，实际上开辟了山东“柳子腔”这一剧种的门径。“柳子”这个名称，我在“长编”及“讲座”[11]都曾加以解释，最近湖南地方音乐调查报告，证明湖南沅陵一带的“花鼓戏”，便叫“柳子戏”，广西的“彩调”原名“调子戏”，“调子”也就是“柳子”的别称，同时也就是“小曲”的意思。去年“山东柳子戏”来京，有人把其中的“二板柳子”一调，据为其本调，质问我：“为什么把它和迷胡、花鼓归于一系？”其实，其所谓“二板柳子”基本上是“梆子调”的变格。同时，它既有“西皮调”，也唱“二黄调”，如“玩会跳船”一剧，唱昆曲“步步娇”，但又带“帮腔”，已冶昆弋于一炉了。所以，您读出的“柳子剧本”有“西皮调”，那是毫不足异的。

至于关云长做伽蓝的问题，您的引据，都是我所不曾寓目的。我当日作此联系，无非说明舞台上历史人物的扮像(相)，与神庙或佛寺的塑像有关，也可以说神佛塑像和小说、戏曲互为因果。比方玉泉寺的基地原为关羽殁处，建寺后关羽成为寺的守护之神，这很明白是西来的释子对中国英雄的依附。

其所依附者必为流传人口的偶像人物，否则便不能借此号召信徒。以后则小说戏曲又以寺庙塑像为蓝本。这样说，不知道是不是可通，敢以质诸高明?

我们曾在上海相见，我虽然记不起您的面影，但您在“俗文学”[12]上写的文章我是读过的。所以您前次来信，我一看署名，仿佛如对故人，不错，十几年了！但我仍能不意获得您的来信，并不吝教诲，这应当不是偶然的事。至少，咱们仍站在一条战线上迈步前进，这是多么值得欣慰的事啊！[13]

余容后叙，顺颂

健康

周贻白　敬礼

1961.3.2.

周贻白（1900—1977），湖南长沙人，著名戏剧史家。原名周夷白，曾用名周一介，又名周慕颐，笔名六郎、剑庐、云谷等，一度化名杨其敏。中国戏曲史方面的主要著作有《中国戏剧史略》（商务印书馆1936年版）、《中国剧场史》（商务印书馆1936年版）、《中国戏剧小史》（20世纪40年代，永祥书局）、《中国戏剧史》（中华书局1953年版）、《中国戏剧史讲座》（中国戏剧出版社1958年版）、《中国戏剧史长编》（人民文学出版社1960年版）、《中国戏曲发展史纲要》（上海古籍出版社1979年版）。此外又有《中国戏曲论丛》（中华书局1952年版）、《曲海燃藜》（中华书局1958年版）、《明人杂剧选注》（人民文学出版社1958年版）、《中国戏曲论集》（中国戏剧出版社1960年版）、《戏曲演唱论著辑释》（中国戏剧出版社1962年版）、《周贻白戏剧论文集》（湖南人民出版社1982年版）、《周贻白小说戏曲论集》（齐鲁书社1986年版）等。

这两封写于1961年2月2日和3月2日的信，显然是新中国成立后周贻白先生第一次与关德栋先生联系，回信讨论的是京剧“西皮”的来源和关羽被衍为护法伽蓝之事。关先生似乎发现了比“道光”更早的一篇有关“西皮”的曲词，时间在嘉庆三年。那么，皮黄戏（京剧）中“西皮”的形成似乎应更早一些，可提到清代中叶。周先生认为，“西皮”的说法是西部地区的“皮”（曲调），当属梆子，嘉庆曲词中提到的“西皮”不一定是京剧中“西皮”调。西皮源自梆子没有意义，但嘉庆三年提到的“西皮”究属何种曲调，殊难考证。无论如何，这是一条很重要的资料。

关于关羽与“伽蓝”问题，关先生提出了唐代建中时期崇祀关羽的文献资料（玉泉山显圣），由此述及关羽成为佛教护法神和第十九个罗汉的事。周先生认为：神佛塑像与小说、戏曲互为影响，佛教寺庙里的“中国式伽蓝神”是否从关羽开始，仍可研究。但这无疑又是一条重要的资料。

这两个问题在一个月的时间里写了两封信，前略后详，做了解释，阐述了自己的观点，但仍无武断的结论，说明前辈学者在学术问题上的细致、深入和慎重。

根据信的内容，应当还有接续的往来书信，继续探讨相关的问题，可惜经历“文革”数次抄家，劫后归还仅有这两封信了。

二十世纪八十年代初，周华斌教授将其父的一部分遗稿编为《周贻白小说戏曲论集》，交沈燮元先生校订并联系出版事宜。沈先生请关先生为此书写了序，并联系齐鲁书社出版。

关德栋先生与周贻白先生相识，约为1946年8月至1948年10月，在上海无锡国学专修学校教书期间。大约在1946年底至1947年上半年，赵景深先生在上海组织成立“中国俗文学研究会”，邀集俗文学研究人员聚会、座谈，周先生和关先生也都参加了，同时与会的还有杨荫深、戴望舒、叶德均、周煦良、严敦易、陈汝衡、谭正璧、陈志良、方诗铭、邵曾祺、陆萼庭、沈燮元等。在聚会上，戴望舒、周贻白等先生都发表了讲话，支持研究会的成立。当时不在上海的徐嘉瑞、钱南扬等人也都通信支持研究会。这次聚会中，还决定出版“中国俗文学研究会丛书”，由上海商务印书馆出版。计划先期出版徐嘉瑞的《金元戏曲方言考》、周贻白的《中国戏剧史》[14]，随后有凌景埏的《清人散曲》等。这些都进一步加强和促进了俗文学研究者之间的学术交流。另外，周贻白《锡六环》一文，刊载于1948年2月15日北京《世间解》第8期，也是关先生代为征稿[15]。

两封信书写的时间历经反右之后，正值三年困难时期，在客观环境如此恶劣的情况下，他们仍能热情不减，探究共同感兴趣的问题，认真严谨的治学精神跃然纸上，也正如周先生信中所说：“至少，咱们仍站在一条战线上迈步前进，这是多么值得欣慰的事啊！”

注：

[1] 戴全德，清乾隆嘉庆年间人，字号、籍贯、生平均不详。

[2]“油漆匠嫁女”，彩调传统剧目。

[3] 胡喜禄（1827—1890），京剧演员，名国梁，一名长庆，字艾卿，一作蔼卿，号丹芬，扬州人。隶春台班，工青衣。

[4]《中国戏曲论集》，周贻白著，中国戏剧出版社1960年出版。

[5]《广阳杂记》，清刘献廷（1648—1695）撰。刘献廷，字继庄，一字君贤，号广阳子。直隶大兴（今属北京）人，后居江苏吴江。

[6] 魏长生（1744—1802），字婉卿，四川金堂县人，因排行第三，故人称魏三，清乾隆时著名秦腔旦角演员。

[7] 徽班，是以安徽籍艺人为主，兼唱二黄、昆曲、梆子、啰啰等腔的戏曲班社。四大徽班，即清乾隆年间活跃于北京剧坛的四个著名徽班“三庆、四喜、和春、春台”的合称。

[8] 程长庚（1811—1880），谱名闻檄，字玉珊，也作玉山，长庚为其小字，堂号“四箴”，安徽潜山（今潜山县）人，主演老生，是京剧形成的奠基人之一。

[9]《缀白裘》，清代刊印的戏曲剧本选集，收录当时剧场经常演出的昆曲和花部乱弹的零折戏。现通行本《缀白裘》十二集由清人钱德苍（沛思）据旧本“删繁补漏，循其旧而复缀其新”（《缀白裘新集序》），于乾隆二十八年（1763）至三十九年（1774）十余年间陆续编辑而成，苏州宝仁堂刊刻。

[10]“俚曲”，即蒲松龄《聊斋俚曲》。

[11] 周贻白著《中国戏剧史长编》，人民文学出版社1960年出版；周贻白著《中国戏剧史讲座》，中国戏剧出版社1958年出版。

[12] 赵景深主编的“沪字号”《俗文学》周刊。

[13] 原信件此段文字下划有底线。

[14] 赵景深《通俗文学周刊纪念》一文（刊载于1947年9月8日《大晚报》“通俗文学”周刊第44期）说：“杨荫深现任商务印书馆编辑……他介绍中国俗文学研究会丛书在商务出版，尽力甚多……”，“徐嘉瑞他的《金元戏曲方言考》将由商务出版，与周著（周贻白《中国戏剧史》不久由商务出版）

均为中国俗文学研究会丛书。”这里提及的周贻白《中国戏剧史》，后因时局变化，1953年改由中华书局出版。

[15] 1948年1月15日《世间解》第7期刊载“编辑室杂记”写道：“由上海，赵景深教授寄来的一篇关系考证的大作。在本刊，这总算别开生面的了，我们当然高兴地了不得。下期有一篇名剧家周贻白教授的大作，也是关系考证的，于是，这阵营也就可逐渐强硬起来。但我们并没有忘记，所有以上两篇都是住在上海的名哲学者关德栋先生代约的……险些忘记，关先生自己的大著来信说也快成了，赵景深先生特为本刊的译著也在赶抄中，也许就在春暖的时候就能与读者诸君见面了。”关德栋译《巴利本大会经》，刊载于1948年10月15日《世间解》第11期，第7—9页。

（作者单位：山东司法警官职业学院）

心无旁骛耕佛教文学，行稳致远成广大精微

——普慧先生学术概略

杨 刚

一

普慧先生，本名张弘，汉语佛教文学研究领域的扩路者。1959年，先生出生于陕北黄河岸边的小县城吴堡，旋长于塞上古城榆林、神木，就读于榆林师范学校附属小学、榆林中学、神木中学。1976年高中毕业后，插队于鄂尔多斯高原陕蒙交界处的一个小山村。期间，务农、放羊、赶车、烧砖、盖房，始终站在劳动生产第一线。黄土高原文化和草原游牧文化锻就了先生勇猛、坚韧、正直、豪迈的性格。先生出身军人家庭，自幼熟悉军旅生活，曾以从军、成为军事学家为理想。然因其时“左倾”路线当道，从军无缘无望，遂立志跻黉门、登杏坛，以教育为业。1979年秋起，先生先后求学于陕西师范大学榆林专修科（现榆林学院，1979—1981）、西南师范学院（现西南大学，1982.2—1983.2高校教师进修班）、东北师范大学（1984.2—1985.1高校教师进修班）、陕西师范大学（1987.9—1990.6硕士研究生）、山东大学（1995.9—1998.6博士研究生）、四川大学（2002.2—2005.4博士后一站）、南开大学（2005.9—2009.12博士后二站）等校，历获文艺学硕士、中国古代文学博士的学位证书以及中国古典文献学和中国宗教思想史的博士后证书。先生曾执教于榆林师范专科学校、山东大学（威海校区）、陕西师范大学、西

北大学等校，现为四川大学中国俗文化研究所（教育部人文社会科学重点研究基地）所长、文学与新闻学院二级教授兼教授委员会副主任委员、教育部“长江学者”特聘教授、国务院政府特殊津贴专家、国务院学位委员会第八届学科评议组成员、四川省学术与技术带头人、福建闽江学者讲座教授、山东大学特聘教授等。

普慧先生于学术道路上，亲炙于梁金寿、黄青山（陕西师大榆林专修科），吴伯威、李景隆（东北师大），高起学（陕西师大），杜继文（中国社会科学院），张可礼（山东大学），项楚（四川大学），陈洪、孙昌武（南开大学）等先生。丰富的学术背景，让他得到了思想、理论、品鉴、考据、文献等多重学术训练。受欧洲语文学（philology）的影响，先生又极为重视多种语言的学习。他熟英语，晓梵语（saṃskṛta），略知突厥语（türkic）、巴列维语（pāhlavī；pārsīg）、吐火罗语（tocharian）、僧伽罗语（singhalese）等。坚实而多元的学术根底，使其在治学上触类旁通，形成了广博精深的学术特色。自20世纪80年代初正式步入学术道路后，先生在中国古代文学、古典文献学、文艺学、美学、宗教学、语文学、中外关系史等领域皆有所建树。然先生最为热衷、投入精力最多的研究领域则是汉语佛教文学。普慧先生的汉语佛教文学研究是以南朝为核心，纵横延伸、拓展，历时上古、中古，地域括及华、印、波斯。

现代学术意义上的汉语佛教文学研究始于20世纪之初，先有梁启超、胡适等发端，后有陈寅恪、汤用彤、郑振铎、季羡林等踵武。遗憾的是，汉语佛教文学研究这股热潮曾一度消沉，至20世纪70年代后期方始复苏，虽有孙昌武、陈允吉、项楚等先生转型投入汉语佛教文学研究，成为一时之选，然而这种复苏的趋势“和古代文学其它方面的研究相比，和个别国家的研究相比，我们在这方面不论是从研究的队伍来看，还是从研究的水平来看，还有相当大的差距，还显得比较薄弱。至于对南朝佛教与文学的研究，更是缺少全面、细致而深入探讨的论著。这种状况不改变，对我国古代文学的研究来说，是不全面的，从某种意义上讲，也是一种制约”（张可礼《〈南朝佛教与文学〉序二》）。

汉语佛教文学研究，特别是中古佛教文学的研究复苏缓慢，究其原因，大致有二。其一，佛教文学是一门跨领域的交叉学科，涉及文学、语言、宗教、哲学、历史、传播学等诸多学科，研究难度较大，对研究者学术素养要求较高，“中古时期的佛教，与中土文学、思想、文化间的交集，是复杂而多貌的，要深究此时期之佛教文学表现，则须对佛教、文学、文化、思想等进行跨领域的统摄研究，以关系为纽带，统合彼此之间相互浸染的交流与影响。但，要从浩繁史料中，寻迹溯源，将中古阶段佛教与文学之关系抽丝剥茧，理其脉络，可以想见，作者不仅须具备处理佛教文献的深厚根底，亦须对中国文学、文化、思想等，具有充分的掌握能力，方能对此跨领域研究，展现出既宏观又微观的细致分析”（王晴慧《跨领域研究的瑰宝：普慧〈中古佛教文学研究〉推介》，《佛光学报》新2卷第2期）；其二，佛教文学属于边缘学科，成果难出，文章难发，属于真正的“冷板凳”学科，致使不少对佛教文学有兴趣的学者畏而却步，抑或中途易辙而转拓新的领域。

普慧先生既有广博的学识，又沉心学术甘于寂寞，而此正好是研究佛教文学的最佳心态。普慧先生从大专毕业始即倾心于佛教，以阅读研究论著为先导，受益于吕澂、汤用彤、任继愈、杜继文等三代佛教学者的著述。而以汉语佛教文学作为专门研究对象，则是从他读硕士学位期间开始的。“我读硕士时，便把佛教作为研读的一个主要方向，较为系统地阅读了《中华大藏经》（其时仅出了二十多册）和《大正新修大藏经》。虽然佛教中的很多东西令人费解，使人如入云中雾里，但我还是坚持读了下来。我的硕士论文题目是《从佛教哲学到中国古代文论的审美范畴》，大约写了十三万字。这算是我正式研究佛教的开始。”（普慧《南朝佛教与文学·后记》）自此以后，普慧先生数十余年如一日，潜心佛教文学研究，特别是在南朝佛教文学领域深耕细作，成绩斐然。目前，他已出版《南朝佛教与文学》《白居易与佛禅》《中国佛教文学研究》等著述，发表论文百余篇，主持教育部社会科学重大攻关招标课题《中国佛教文学通史》、国家社会科学基金重点课题“汉译佛典文学研究”、国家社会科学基金课题“佛教与汉魏六朝文学思想研究”（免予鉴定）和教育部规划课题“汉唐佛教文学研究”等多项科研课题。

普慧先生研究佛教文学，踏踏实实，不走快捷，凭“笨办法”“苦功夫”得大成绩，可谓“行稳致远方成广大精微”。著名佛教哲学家杜继文先生尝谓：

研究佛教与文学艺术或禅与文艺、文化之关系的论著不少，我见到的就有几种。总的说是各有特色，各有所长。而有两种趋向比较普遍：其一是随意发挥，取佛教的某些枝节文句，阐述个人的思想观念、感情爱好；其二是以西方流行的某种思潮，诠释中国佛教文化的特点和文艺理论。我以为这没有什么不好的地方。但作为“史”的学术研究，应该占有尽可能完备的原始资料，有一个可靠的立论基础；同时对于所研究的对象，这里指中国佛教与中国文艺，应该具有足够的专业知识，至少不要太外行了，然后叙事论史，才能大体不失原貌，也才能给以公允的评价。张弘的论著属于这第三种，学术成分浓，看起来就有些“呆”。我本人有些偏爱“呆”，所以认为这也是一个长处。（杜继文《〈南朝佛教与文学〉序一》）

二

在学术界，“普慧”一名比先生本名张弘更具知名度。“普慧”一词，具有浓厚的佛教气息，加之先生又专攻佛教文学，不免让人误以为“普慧”乃是法名。事实上，先生并非佛教信仰者，“普慧”之名与佛教也没有直接关系。其“普”字取于榆林之普惠泉，“慧”字取于神木之慧泉。“‘普惠泉’水滋养了我的身体，也沐浴了我的心灵，更让我对榆林有了一份童年和少年的乡愁……‘慧泉’水不仅给了我力量，也给了我走向成功的信心。”（普慧《释“普慧”》，《美文》2009年第8期）先生以“普慧”为笔名，乃是饮水思源、感怀家乡水土的孕育之恩。普慧先生对家乡的眷念之情在他的学术著述中也时有表露，《民族精神与西北民族宗教文化》（《华夏文化》2006年第3期）、《秦汉上郡治所小考》（《唐都学刊》2008年第1期）、《两汉上郡龟兹属国及其文化遗存考臆》（《人文杂志》2008年第5期），笔墨之间无不浸透着他的故土情怀。

普慧先生虽非佛教信仰者，却对佛教文化格外钟情。据先生回忆，在小学时代，他就对佛教产生好感：

上小学前，父亲陪上级领导视察榆林的防务，要到榆林城北的红石峡看石窟，我也嚷嚷着要去，大人们没有嫌弃我，把我拉上了吉普车。到了红石峡的石窟，那一个个栩栩如生、惟妙惟肖的佛教造像深深吸引了我的目光，不管是慈眉善目、雍容肃颜的佛陀，还是金刚怒目、叱喝世间的天王，都让我感到说不出的稀奇。我爬到一个高台上，抱着一个穿着铠甲的天王，对父亲说："这个叔叔的腿可粗了。"惹得几位大人哈哈大笑，那位大官还说我很懂礼貌。从那时起，我就对佛教有一种说不出的好感觉。(《释"普慧"》)

研究佛学，对佛教应该采取何种态度，是一个难以回避的问题。若是盲目信仰，佛学研究极有可能走上一条护教、阐教的道路；若是一味贬斥，又难以体悟佛教，研究也无法深入。汤用彤先生认为佛学研究不能"盲目信仰"，但又要对佛教有"同情之默应"：

我过去反对以盲目信仰的态度来研究佛教史，因为这样必然会看不清楚佛教思想的真相。(汤用彤《汉魏两晋南北朝佛教史·重印后记》)

中国佛教史未易言也。佛法，亦宗教，亦哲学。宗教情绪，深存人心，往往以莫须有之史实为象征，发挥神妙之作用。故如仅凭陈迹之搜讨，而无同情之默应，必不能得其真。哲学精微，悟入实相。古哲慧发天真，慎思明辨，往往言约旨远，取譬虽近，而见道深弘。故如徒于文字考证上寻求，而乏心性之体会，则所获者其糟粕而已。(汤用彤《汉魏两晋南北朝佛教史·跋》)

普慧先生爱好佛学，但并非信者。在学术研究中，他始终秉持研究者的中立态度，对佛教不盲目信仰，但出于爱好，对佛教又能产生"同情之默应"。这种"中道"的研究立场，使得他在佛教文学的研究中，既能冷静思考，又能真正融入佛教，而非隔靴搔痒、雾里看花，其研究的结论自然也更具有客观性，更为公允可信。

三

普慧先生的佛教文学研究以南朝为主，兼及整个中古时期。从时间上来看，南朝是佛教急速发展的时期，佛教不再被视为外国人的宗教，而被看成华夏民族自己的宗教，佛教思想也成为社会的主流思想之一；从地域上来看，整个南北朝时期，与动荡的北朝相比，南朝相对来说要稳定得多，稳定的社会环境为南朝哲学、宗教、艺术、文学等活动提供了保障。在这种时代背景下，佛教与文学也达到了彼此交融互动的第一个高峰：

> 南朝的每一个文学现象、每一个文学活动，都离不开佛教的参与，甚或作用（Kāritram）、主导（Svāmin）。不管是唯美的文学还是通俗的文学（所谓庙堂之上的雅诗大赋以及民间闾里的乐府小说），佛教都做出了巨大贡献。而精英文人的思想观念的形成，又在相当大的程度上，取决于佛教的三观（世界观、人生观、价值观）。这就使得文人的文学创作自觉或不自觉地浸润了佛教思想，在一定程度上成为以艺术形象、崇高审美、终极情怀而书写佛教义理、意趣的宗教文学作品。与此同时，文学丰富的体裁和表现形式，又反作用于佛教，使得佛教文本和佛教活动不再是单纯的宗教宣传单和说教传声筒，而成为一种具有一定美感、娱悦、抒情的宗教审美活动。于是，本土原有的文学，似乎出现了一个脱胎换骨的新局面：新的语词、新的思想、新的情怀、新的面貌、新的境界，让佛教与文学在交流融汇中焕发出绚烂的异彩。（普慧《南朝佛教与文学·后记》）

南朝时期，佛教与文学的互动是全方位的。在研究南朝佛教与文学的关系时，普慧先生并没有局限于某一点，而是“立足于纵横交错，对南朝佛教的发展、佛教思想的衍变，对南朝重要的文人和重要的文学事实同佛教的关系，作了相当全面的梳理和论析”（张可礼《〈南朝佛教与文学〉序二》）。可以说，这么多年来，他的《南朝佛教与文学》已成为一部经得起时间考验的传世之作。除此之外，普慧先生对整体汉语佛教文学的研究和贡献主要涉及以下几个方面：

佛教文学概念的界定：什么是佛教文学？佛教文学的研究对象是什么？这是佛教文学研究者面对的首要问题。1882年，英国人塞缪尔·比尔（Samuel Beal, 1825—1889）率先使用“佛教文学”（Buddhist Literature）这一概念（Abstract of Four Lectures On Buddhist Literature In China, Delivered at University College, London. London: Trübner & co.）。此后这一概念成为东西方学术界常用之术语，但学界至今对“佛教文学”的内涵外延并没有形成统一的认识。近20年来，对“佛教文学”概念范畴的争论逐趋热门，普慧先生在长期的研究实践中，对“佛教文学”研究范畴也提出了自己的见解。他曾在《佛教文学刍议》〔《郑州大学学报》（哲社版）2007年第4期〕、《佛教文学研究五题》〔《宝鸡文理学院学报》（社会科学版）2018年第4期〕以及多篇书序、书记中，阐释了自己对“佛教文学”概念的认识。在尝试厘清概念的同时，普慧先生提出“佛教文学的研究实际上还处于拓荒阶段，大量的具体问题、现象，乃至史料的真伪等等，都尚未展开，不宜过早对‘佛教文学’定性”（普慧《〈佛教文学十六讲〉序》）。普慧先生对“佛教文学”概念问题采取不回避、不纠缠的态度，是务实的，是适合当前佛教文学研究现状的，是有利于佛教文学研究深入开展的。

汉译佛典文学：汉语佛典文学又可称为佛典翻译文学或者佛经文学，其研究对象主要为那些文学性极强的汉译佛教作品。普慧先生认为，汉译佛典文学，虽原本发端于印度或西域诸国，但经过汉译后，即成为汉语佛教文学不可分割的组成部分，在汉语文学史上发挥了巨大的影响力。他对汉译佛典的研究，既有《从佛典文学看佛教的女性观》〔《陕西师范大学学报》（哲学社会科学版）2009年第1期〕、《汉译佛典中的莲华色尼文学故事类型考述》（台湾《政大中文学报》2010年第2期）、《〈维摩诘所说经〉的梵本及汉译本的戏剧文学结构》（台湾《佛光学报》2015年第2期）、《浅谈〈维摩诘所说经〉的戏剧艺术特点》（台湾《佛光学报》2017年第2期）、《汉译佛典〈维摩诘所说经〉的戏剧人物冲突》〔《复旦学报》（社会科学版）2020年第2期〕等微观角度的文本研究，也有《佛典汉译及汉译佛教哲学对中国古代诗学的影响》（《文艺研究》2005年第3期）、《论汉译佛典文学对中古汉语文学的影响》（《文艺研究》2016年第6期）等宏观角度的影响论研究。

佛教与文人：普慧先生对佛教与文人关系的研究，主要有三个方面。其一，佛教思想对文人观念的影响。如，《佛教对中古文人思想观念的影响》（《文学遗产》2005年第5期）一文提到佛教的时空观、人生观、死亡观对中古文人的观念、思想和境界产生了巨大影响，在很大程度上改变了中国原有文学的发展方向。其二，佛教对文人文学创作的影响。其具代表性的文章有《大乘般若学与晋宋山水文学》（《佛学研究》2001年刊）、《大乘涅槃学与谢灵运的山水诗》〔《陕西师范大学学报》（哲学社会科学版）2000年第4期〕、《弥陀净土信仰与谢灵运的山水文学创作》（《学术月刊》2004年第3期）等。其三，文人的佛教活动。代表性文章有《齐梁崇佛文人游写佛寺之诗歌》（《人文杂志》2000年第5期）、《王维、柳宗元、刘禹锡对惠能禅的总结与推动》〔《陕西师范大学学报》（哲学社会科学版）2004年第1期〕以及《梁武帝的佛教活动——兼谈寺院公共场域的作用》（《长江学术》2020年第1期）。

佛教与文学思想、文学理论的关系：普慧先生自硕士阶段跟随高起学先生学习文艺理论，打下了坚实的理论功底，其硕士论文即主要探讨佛教与中国古代文论之关系；在第二站博士后期间，他在南开大学陈洪、孙昌武先生的指导下，进行了思想史领域的深入研究。长期养成的理论思维，使他在研究佛教与中古文学思想、文学理论的关系时具有得天独厚的优势。普慧先生在此方面的成果颇丰，举其要者有《探求人与世界的真实：佛教哲学对中国古代审美真实论的启示和影响》（《人文杂志》1993年第1期）、《〈文心雕龙〉与佛教成实学》（《文史哲》1997年第5期）、《慧远的禅智论与东晋南北朝的审美虚静说》（《文艺研究》1998年第5期）、《南朝性灵说与大乘涅槃学——文学“性灵说”探源之一》（《古代文学理论研究》第22辑，2004年12月）、《论刘勰及其〈文心雕龙〉的佛教神学思想》（《文艺研究》2006年第10期）、《〈文心雕龙〉审美范畴的佛教语源》（《文学评论》2009年第3期）、《论佛教与古代汉文学思想》（《文艺研究》2010年第6期）以及《佛教思想与文学性灵说》（《文学评论》2012年第2期）等。普慧先生文章观点新颖，妙论迭出，而又立论有据。如，有学者认为《文心雕龙》受到佛教的因明学影响（参见普慧《中古佛教文学研究》），普慧先生则立足史料，考镜源流，认为刘勰所处的时代，印度的新因明学尚未传入华夏，而古因明学则受到了大乘佛教空宗的猛烈批判。他对比佛教《成实论》与《文心雕龙》的结构，并联系齐梁时期盛行的成实学及享有盛誉的成实论三大家，大胆地提出了《文心雕龙》的成书结构深受佛教成实学的影响，成为《文心雕龙》研究史上的一大突破；又如，普慧先生对本为宗教概念的“虚静”向文艺审美领域的转化过程的揭示，开拓了我国古代美学研究的新路径，其论文被收入罗宗强编的“20世纪学术文存”中的《古代文学理论研究》一书（湖北教育出版社2002年版），成为经典。

佛教与诗歌声律论：声律，就是诗歌作品中的声音、节奏、韵律的规律。南朝之时，中国诗歌的声律形式有了较大的发展，诗歌“四声说”正式形成。普慧先生认为“中国诗歌声律论的正式提出，不仅有着本民族固有的传统文化悠久深远的历史渊源，而且还借鉴了外来异域佛教文化的宝贵财富。”（普慧《中古佛教文学研究》）普慧先生在揭示佛教文化对诗歌声律的影响方面用功颇多，除在专著中探讨外，还有《汉语言文化与永明诗歌声律论》（《江海学刊》1999年第5期）、《齐梁诗歌声律论与佛经转读及佛教悉昙》（《文史哲》2000年第6期）、《梵语、梵呗、佛曲：南北朝诗歌韵书的一个源头》（《觉群》，商务印书馆2001年11月）、《天竺佛教语言及其对中国语言学的影响》（《人文杂志》2004年第1期）等文章讨论此问题。

佛教对文学体裁、题材的影响：中古时期，佛教为中国文学的发展注入新的动力，使中国文学在体裁与题材方面都有了新的发展。普慧先生在《佛教对中古议论文的贡献和影响》（《文学评论》2007年第4期）一文中梳理了慧远、刘勰、宗炳、沈约、韩愈等人对佛教“论”的借鉴过程，并指出“中国古代议论文在中古时期达到的鼎盛是与佛教的贡献和影响分不开的”，该文获《文学评论》优秀论文奖。《佛教故事：中国五朝志怪小说的一个叙事源头》（《中国文化研究》2001年第1期）、《佛教对六朝志怪小说的影响》〔《复旦学报》（社会科学版）2002年第2期〕等文则指出，佛教典籍中大量的故事、寓言、譬喻、史诗，为六朝正在兴起的志怪小说提供了丰富的素材、题材。

四

普慧先生的学术研究以佛教文学为核心，涵盖了文学、宗教、思想、文化等诸多领域，并在这些领域也卓有建树。为全面体现普慧先生的研究经历，这里将其在佛教文学以外的研究成果略叙如下：

佛教研究：在佛教文学以外，普慧先生对佛教文献、佛教艺术、佛教义理、佛教宗教属性、佛教中国化等问题皆有关注。其代表性成果主要有《〈心经〉：一部微型的大乘空宗般若学》（《东方论坛》1997年第1期）、《佛教造型艺术释略》（《民族艺术》2000年第3期）、《禅宗的主体实践论》（《黔南民族师范学院学报》2001年第5期）、《略论慧远对道安的突破和超越》（《四川大学学报》2004年第3期）、《略论弥勒、弥陀净土信仰之兴起》（《中国文化研究》2006年第4期）、《禅宗六祖名讳小考》（《文学与文化》2010年第2期）、《“三教论衡”摭谈》（《世界宗教文化》2020年第6期）等。

文学研究：在这方面的代表文章有《略论王国维的审美境界说》（《人文杂志》1992年第4期）、《试论中国古代文学批评中的解释学思想》（《文艺理论研究》1994年第2期）、《齐梁三大文学集团的构成及其盟主的作用》（《社会科学战线》1998年第2期）、《汉代巫鬼崇拜及其对六朝鬼神文学的影响》〔《文学遗产》2013年第5期；（日）土屋昌明译，日本《洞天福地》2013年第5期〕、《文学经典的形成与传承》〔《东北师大学报》（哲学社会科学版）2016年第5期〕、《文学经典：建构、传播与诠释》（《文学遗产》2018年第4期）以及《中国俗文化研究（笔谈）·汉语俗文学及其研究的经典化》〔《四川大学学报》（哲学社会科学版）2020年第3期〕等。普慧先生文学研究最大的特色在于视野开阔，注重文学现象的梳理和批评理论的寻绎，同时兼顾雅俗文学互动共进的研究模式，为廓清中国文学史上的若干问题提供了新的思路。

宗教史与思想史：这方面的文章主要有《“史”与宗教》〔《南开学报》（哲学社会科学版）2007年第3期〕、《早期儒家“礼”的宗教思想》（《世界宗教研究》2008年第3期）、《南北朝正史家的“天命”信仰》〔《东南大学学报》（哲学社会科学版）2009年第2期〕、《先秦儒、道“通”、“异”论》（《求是学刊》2010年第5期）、《汉代黄老道形成的宗教特征及其思想史背景》（《社会科学战线》2010年第9期）、《汉武帝时期的礼教：国家宗教神学之意识形态——董仲舒的礼教神学思想》〔《岭南学报》2015年第1期（复刊号）〕以及《尼采的虚无主义与上帝之死》（《黔南民族师专学报》1996年第1期；人大复印资料转载《外国哲学与哲学史》1996年第8期）、《琐罗亚斯德教及其救世主：琐什扬斯》(《世界宗教文化》2016年第6期)等。

实事求是地说，普慧先生不是一位多产的学者，他的专著不多，其学术精神、思想、方法更多地浸透于单篇论文之中。他的论文，篇篇具有问题意识，无论理论方法，还是文献考订，或是结构设计等，他都力求精益求精，无创见不属文，故其所论，犹如静夜钟声，振聋发聩。尤其值得称道的是，普慧先生对学术语言的驾驭，如揽辔御驷，自由驰骋，其表现力、穿透力，使理圆事密，联璧其章。先生尝谓，文学类论文的语言既要富有文学语言的律动感，又要具有逻辑论证的严谨性，还要浸透着学术研究的天下情怀。普慧先生如此说，也是如此实践的。

自20世纪80年代初开始学术创作以来，在40余年的时间里，普慧先生为学界贡献了大量学术精品，赢得了学界同仁的认可与称赞，尤其在欧、美汉学界和宗教学界，他也有着广泛的影响力。2010年，作为欧盟Erasmus Mundus项目学者，他受聘于捷克马萨里克大学宗教学系客座教授，讲授“11世纪前丝路上的宗教传播”；2016年又受聘德国莱比锡大学东亚研究所客座教授，讲授“汉译佛典文学作品英译”“汉语佛教文学概论”两门课程；2019年9月底受邀担任荷兰格罗宁根大学宗教与神学学院博士论文毕业答辩委员会委员，赴该校出席答辩考试仪式；2020年始，受聘为韩国东国大学宗教与海洋文明研究所客座教授(2020—2025)。他还受邀赴捷克查理大学(2010)，奥地利维也纳大学(2010)，斯洛伐克布拉迪斯拉法夸美纽斯大学(2010)，德国汉堡大学(2010)，美国圣文德大学(2011)、普林斯顿大学(2012)、圣十字大学(2012)、萨福克大学(2012)、西北拿撒勒大学(2012、2013)、华盛顿大学(2013)、宾夕法尼亚大学(2014)、哈佛大学(2014)，德国哥廷根大学(2016)，比利时根特大学(2016)，英国剑桥大学(2017)，德国维尔茨堡大学(2019)，法国马赛大学(2019)讲学、交流。普慧先生在向国际学界分享中国成果、传播中国文化、讲好中国故事、推动中外学术交流等方面做出了应有的贡献。面对各种荣誉与奖励，普慧先生初心不改，坚持学术耕耘，低调行事，谦虚做人。期待在未来的日子里，普慧先生能推出更多的研究成果，不断拓展中国佛教文学的研究路径。

（作者单位：兰州大学敦煌学研究所）